AF314562

COMMENTAIRE

De la loi du 29 avril 1845

sur

LES IRRIGATIONS.

COMMENTAIRE

DE LA LOI DU 29 AVRIL 1845

SUR

LES IRRIGATIONS,

PAR

A. DAVIEL,

Avocat, ancien 1er Avocat-Général et Bâtonnier de l'Ordre des Avocats de Rouen ;

Suivi des Rapports faits aux deux Chambres, par MM. DALLOZ et PASSY

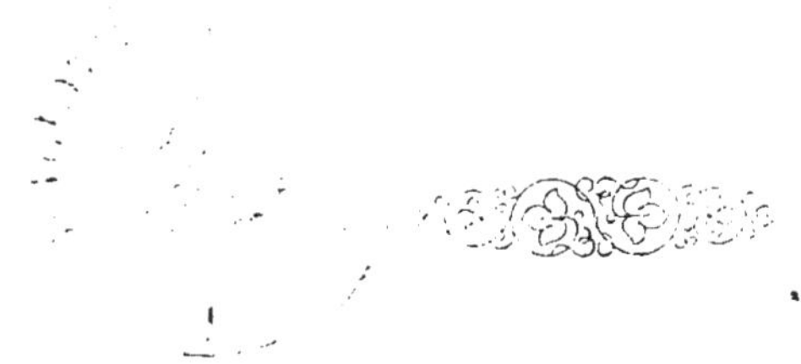

PARIS

CHARLES HINGRAY, ÉDITEUR,
10, RUE DE SEINE.

—

1845.

PARIS. — IMPRIMÉ PAR E. BRIÈRE, RUE SAINTE-ANNE, 55.

COMMENTAIRE

DE LA LOI DU 29 AVRIL 1845

SUR

LES IRRIGATIONS.

Le premier commentaire d'une loi, c'est l'analyse fidèle des éléments qui l'ont préparée. Il est vrai que, d'après le mode actuel de confection des lois, beaucoup d'opinions se produisent dans les discussions en dehors de la pensée qui préside aux votes. Bien des paroles, pieusement recueillies par le *Moniteur*, sont tombées au pied de la tribune sans avoir même frappé les échos de la Chambre. La volonté du législateur n'apparaît plus que rarement avec ce caractère d'unité et de certitude qui ne laisse à toutes les intelligences que le devoir d'obéir. Aussi est-il permis de ne pas avoir pour les documents législatifs d'aujourd'hui le respect religieux que commandent les procès-verbaux des ordonnances de Louis XIV ou ceux du Conseil-d'État impérial ; mais, sauf à user de cette permission, sauf à réserver tous les droits de l'interprétation doctrinale, on ne saurait se dispenser de recueillir et d'étudier les travaux préparatoires des lois.

La loi nouvelle sur l'irrigation est le résultat d'une proposition d'un membre de la Chambre des Députés présentée dans la session de 1843. Prise en considération par la Chambre, elle a été soumise par le Gouvernement aux Conseils-généraux des départements et à une Commission spéciale composée de membres des deux Chambres et de personnes qui, par leur position et leurs études, pouvaient apporter un concours utile dans l'examen d'une mesure importante pour l'agriculture (1). Dans ces études préliminaires, la proposition a changé de base. D'abord elle se rattachait, par une extension manifeste, au principe de l'expropriation pour cause d'utilité publique. En définitive, elle est devenue la consécration d'une nouvelle servitude légale, et c'est à ce titre qu'elle a été soumise aux Chambres, à la Chambre des Députés, par un rapport de M. Dalloz, et à la Chambre des Pairs, par un rapport de M. Passy (2).

Dans les deux Chambres, surtout à la Chambre des Députés, la discussion a porté sur un grand nombre de questions élevées comme devant être parmi les conséquences d'application de la loi nouvelle. En quels points déroge-t-elle au Code civil ? Comment la faculté qu'elle accorde devra-t-elle se combiner avec les principes du droit commun sur la propriété ou l'usage et sur la po-

---

(1) Composée de MM. de Gasparin, d'Argout, Passy, Teste, pairs de France; de Tracy, Dalloz, députés; d'Esterno, Héricart de Thury, Nadault de Buffon, Dittmer, de Mornay et de Lagarde.

(2) Proposition de M. d'Angeville, Chambre des Députés, séance du 22 mai 1843. — Rapports de M. Dalloz, Chambre des Députés, séances des 29 juin 1843 et 30 mars 1844. — Discussion à la Chambre des Députés, séances des 12, 13 et 14 février 1845. *Moniteur*, n⁰ˢ 43, 44 et 45. — Rapport de M. Passy à la Chambre des Pairs, séance du 26 mars 1845. *Moniteur*, n° 87, p. 733. — Discussion à la Chambre des Pairs, séance du 19 avril. *Moniteur*, n° 110. — Le texte de la proposition de M. d'Angeville, et celui du premier projet présenté par la Commission de la Chambre des Députés sont, avec les rapports de MM. Dalloz et Passy, à la suite du présent commentaire.

lice des eaux ? Là se rencontreront les plus graves difficultés d'exécution de la mesure nouvelle, et, sur ce point, ont été jetées dans la discussion beaucoup d'opinions contradictoires, sans que le législateur ait donné la règle à suivre.

Il semble que les auteurs de la loi nouvelle aient été paralysés dans leur travail par la peur de la contradiction. Ils n'ont voulu poser dans leur loi qu'un principe, le droit de conduire les eaux au travers du fonds d'autrui, sans oser féconder ce principe en y rattachant quelques dispositions nouvelles sur l'usage des eaux, dispositions sans lesquelles l'agriculture doit rester encore frustrée, pour ses irrigations, des progrès qu'elle réclame à si grands cris. Dans le Code sarde, publié en 1837, et qui a ajouté à notre Code civil, conservé d'ailleurs presque en entier, toute une série de dispositions relatives à l'emploi des eaux, on aurait trouvé de profitables emprunts à faire, en retour de ce que nous avons glorieusement prêté jadis en donnant aux Piémontais, comme à tant d'autres peuples, le Code Napoléon. D'autres exemples s'ajoutaient encore à celui-là. Dans ces derniers temps, en Allemagne, en Angleterre, aussi bien que dans l'Europe méridionale, le besoin de faire rendre aux forces productives du pays tout ce qu'elles peuvent donner a conduit les législateurs à s'occuper, dans ses plus importants détails, de la question des arrosements. En 1843, un bill sur les dessèchements ayant été soumis au Parlement anglais, il s'y transforma en loi sur les irrigations. De nombreux amendements en firent un Code complet, et l'agriculture obtint ainsi de nouveaux moyens d'action et de richesse.

Chez nous, la proposition de M. d'Angeville a amené une conduite tout opposée. Loin de saisir l'occasion d'une réforme pour en faire passer d'autres de compagnie, on a systématiquement cantonné dans les plus étroites limites l'innovation proposée. De la formation des associations d'arrosage, mesure indispensable pour porter sur de vastes étendues les bienfaits de l'irrigation, du partage des eaux entre les usines et les prairies, du mode et des conditions des concessions pour les eaux empruntées aux rivières du domaine public..., pas un mot dans la loi nouvelle. Et quand on a demandé d'y faire entrer la servitude d'appui et de barrage, si nécessaire à constituer pour rendre l'irrigation praticable aux propriétaires qui ne possèdent qu'une seule rive, cette proposition a été repoussée par le rapporteur même de la Commission. C'est à grand'peine, et en dépit des mêmes résistances, qu'a été accordée, par l'art. 3, la faculté, utile sans doute, mais à un moins haut degré et qui ne rentrait pas d'ailleurs dans l'objet de la loi, la faculté d'assécher un fonds inondé en ouvrant sur le fonds voisin un canal d'égouttement.

Un progrès ne peut-il donc se faire accepter aujourd'hui dans la législation française qu'à condition de se réduire aux moindres proportions ? Et, grâce à notre mécanisme législatif, faut-il regarder comme une *chimère à laquelle on ne doit plus croire* l'idée d'obtenir désormais une loi générale, une de ces grandes lois qui règlent de haut et dans toutes leurs particularités les matières dont elles traitent ?

Quoi qu'il en soit de l'aveu fait à cet égard à la Chambre des Pairs dans la discussion même qui nous occupe, par MM. Passy et de Gasparin, si la loi du 29 avril est modeste dans son objet, humblement restreinte dans ses effets, en revanche elle est ample et magnifique dans son titre. Elle n'est pas de ces lois dont on a dit, à raison de leurs mystères de puissance dissimulés sous des noms sans portée apparente : *Plus habent in re-*

ressu quàm in fronte gerunt. C'est ici tout le contraire.

Pour être exact, on aurait dû l'intituler : *Loi sur la con-duite des eaux en cas d'enclave,* et ce titre aurait eu l'avantage de répondre à l'art. 3, qui est étranger au droit d'irrigation. Mais on l'a pompeusement appelée *Loi sur les Irrigations.* A ce nom, dans la table du *Bulletin des Lois,* quelqu'étranger ou quelqu'étudiant novice pourra croire que la France possède, avec tous ses développements, un des chapitres les plus importants du Code rural, tandis que, par malheur, la loi sur les irrigations reste encore à faire.

En regrettant qu'un bien plus grand n'ait pas été obtenu, il ne faut pas méconnaître celui qui a été réalisé. Telle qu'elle est, la loi du 29 avril recevra sans doute d'utiles applications. Et, puisque le législateur a volontairement laissé tant à faire dans le domaine de la magistrature, pour le développement de cette loi, il appartient à la jurisprudence de la compléter en combinant ses dispositions avec le droit commun. C'est sous ce dernier rapport que nous nous sommes proposé de l'étudier.

ART. 1ᵉʳ.

Tout propriétaire qui voudra se servir, pour l'irrigation de ses propriétés, des eaux naturelles ou artificielles dont il a le droit de disposer, pourra obtenir le passage de ces eaux sur les fonds intermédiaires, à la charge d'une juste et préalable indemnité.

Sont exceptés de cette servitude, les maisons, cours, jardins, parcs et enclos attenant aux habitations.

1 — *La loi est-elle fondée sur un principe d'exception ?*
2 — *Législations étrangères et ancien droit français, en ce qui*

concerne le droit de conduite d'eau au travers des fonds d'autrui.

1 — Il importe, d'abord, de bien déterminer le caractère de la loi nouvelle, parce que, dans beaucoup de cas, ce caractère pourra servir aux tribunaux d'élément de décision. Est-ce un principe de droit commun? est-ce un principe d'exception qu'elle a entendu produire?

M. Odilon Barrot, à la séance du 12 février, soutenait que la loi proposée résidait sur un principe tout différent de celui qui, en matière de mines, a permis d'attribuer le tréfonds à un autre qu'au propriétaire de la superficie, sur un principe différent aussi de celui qui, en cas d'enclave, accorde un passage forcé sur le terrain d'autrui, servitude dérivant, non d'une appréciation arbitraire, mais d'une nécessité absolue.

« Que voulez-vous faire aujourd'hui, ajoutait-il? Vous voulez substituer par votre loi à la convention, à la liberté des contrats, l'obligation imposée par l'autorité publique. Vous faites intervenir l'autorité publique au préjudice de l'un et au profit de l'autre. Ce sont toujours deux propriétaires qui sont en présence. L'un dit : « Il me convient d'arroser ma propriété. » L'autre : « Il me convient d'arrêter les eaux. » Vous faites intervenir l'autorité publique pour modifier le droit de l'un au profit de l'autre. L'utilité publique peut en résulter comme conséquence médiate. Je vous citerais vingt occasions où cette utilité pourrait se présenter. J'ai une propriété infructueuse, stérile; à côté de moi est une autre propriété contenant des éléments fécondants, de la marne ou d'autres matières qui pourraient fertiliser ma propriété. Pourrai-je, au nom de l'utilité publique, parce que la société est intéressée à ce que toute propriété soit bien cultivée, pourrai-je forcer mon voisin à me livrer son champ? Voyez le principe de nos lois. Vous le pouvez lorsqu'il s'agit d'une propriété commune; vous le pouvez quand l'utilité publique est immédiate; pour faire ou pour réparer un chemin, vous pouvez aller fouiller dans ma propriété, y prendre des cailloux. Mais, pour une cause d'utilité privée, même quand l'utilité publique s'y rattache médiatement, c'est une immense innovation que vous introduisez dans notre législation, en faisant intervenir l'autorité publique au profit de l'utilité privée immédiate. »

Au point de vue où se plaçait M. Odilon Barrot, ces arguments étaient d'une irrécusable justesse. Mais la loi nouvelle, au lieu de se fonder sur un principe d'exception, s'est conférée à elle-même la légitimité du droit commun, et maintenant elle doit être appliquée suivant le caractère qu'elle a entendu se donner. Il en est d'une loi comme de la monnaie, dont les citoyens, une fois qu'elle est émise, ne peuvent plus contrôler le titre.

La proposition a été présentée par le rapporteur de la Commission chargée de l'examiner, et votée par les Chambres, non comme une loi d'exception, mais comme un heureux complément du Code civil. « Il y a certainement, disait M. Dalloz, une grande analogie entre un sol qui ne donne que le tiers ou le quart de ce qu'il pourrait produire avec l'irrigation, et le sol qui ne peut être cultivé à raison de l'enclave. Cette analogie, qui est réelle, devient une véritable similitude, s'il s'agit d'un terrain tout à fait stérile qu'on peut féconder au moyen de l'irrigation. »

« Nous n'avons aperçu, dans le projet de loi, disait M. Passy, rapporteur à la Chambre des Pairs, que la déclaration d'une de ces contraintes légales qui ne portent sur certaines parties du sol que dans un intérêt commun à toutes les autres, et qui, sagement réglées, rendent, en définitive, au droit de propriété beaucoup plus qu'elles ne semblent lui ôter... Le projet de loi ne propose rien qui soit en désaccord avec l'esprit de notre législation. Les servitudes établies par la loi ont pour objet l'utilité publique ou communale, ou l'utilité des particuliers. Voilà le texte de l'art. 649 du Code, et cette énonciation est sensée et prévoyante ; car, entre les utilités particulières et l'utilité publique qui résume ce qu'elles ont de commun, la distinction ne saurait être toujours ni bien nette, ni même possible. Aussi comptons-nous dans notre pays plus d'une servitude légale à laquelle il serait facile de contester le caractère de l'utilité publique. Telle est, par exemple, celle si connue que l'enclave fait peser sur le champ qui l'environne. Certes, il eût pu sembler naturel de laisser au maître de l'enclave le soin d'acquérir à prix débattu le droit d'accès à sa propriété. La loi ne l'a pas voulu. Elle a compris qu'il suffisait de mauvaises passions chez celui qui, seul, peut céder ce droit, pour frapper de stérilité une portion du sol cultivable et en anéantir la fécondité au détriment de tous. La loi n'a pas admis non plus qu'il fallût abandonner aux hasards des conventions privées les intérêts attachés à la production minérale.... On le voit donc, le projet ne propose pas d'introduire dans notre législation un principe qui lui soit étranger ; ce qu'il propose, c'est une application nouvelle d'un principe dès longtemps accepté. »

Le caractère de la loi du 29 avril se trouve ainsi déterminé par le législateur lui-même : elle ne se place pas à côté et en dehors du droit commun. Elle s'y interpose pour en combler une lacune, et rien ne pouvait être mieux justifié que cette innovation par l'immense importance de l'irrigation dans l'économie sociale.

Le vieux Caton disait que trois causes décidaient de la fortune d'un agriculteur : — *benè pascere* — *mediocriter pascere* — *malè pascere*. Le bétail, toujours le bétail, bien administré, administré médiocrement, mal administré. L'agriculture est là tout entière. Aussi les anciens Romains, au témoignage de Columelle, accordaient-ils dans l'industrie agricole la première place aux soins donnés aux prairies. *Cultus prati cui veteres Romani primas in agricolatione partes tribuerunt*(1). Et c'était avec raison, car, sans prairies point de bestiaux, sans bestiaux point d'engrais, et sans engrais point de récoltes. L'herbe que mange le bétail produit le pain de l'homme, suivant le dicton populaire : *qui a du foin a du pain.* Une espèce de solidarité s'établit ainsi entre les plantes destinées aux animaux et celles destinées à l'homme ; et, par suite, il est vrai de dire qu'en agriculture, dans cet art chargé de nous nourrir, tout dépend de la quantité de bétail entretenu, ou, en d'autres termes, de la proportion attribuée dans le domaine agricole aux cultures destinées à nourrir des animaux (2).

Si la prairie est la base de l'agriculture, l'irrigation doit être spécialement protégée par la loi. La loi manquerait à la Provi-

---

1) *De Re rusticâ, lib. 2.*

(2) **M.** Dezeimeris, *Premier mémoire*, présenté à l'Académie des sciences en 1845.

dence, si elle ne donnait pas tous les moyens d'utiliser cette richesse fluide qui, roulant dans le lit des rivières, coule à pure perte s'abîmer au fond des mers, tandis que, conduite et répartie avec intelligence sur le sol, elle y apporte la fécondité.

Il ne fallait donc pas tolérer qu'entre l'agriculteur intelligent et le bassin où il peut emprunter l'eau nécessaire à ses travaux, des résistances aveuglément jalouses pussent interposer des obstacles qui se multiplieraient en raison directe de la division des héritages. La loi devait faire ce qu'une convention équitablement débattue établirait entre voisins raisonnables, et accorder de son chef une servitude de passage pour la conduite des eaux à celui dont les champs seraient réduits à la stérilité, ou du moins privés d'un élément puissant d'amélioration par l'impossibilité relative d'y amener le bénéfice de l'irrigation.

Quand, pour arriver à mon champ, il est indispensable que je passe au travers de la propriété d'un autre, et quand ce propriétaire, auquel je ne nuis pas, ou que je consens à dédommager de tout le préjudice que je peux lui causer, refuse le passage, il abuse de son droit, et la loi doit intervenir entre lui et moi, pour que mon champ ne reste pas stérile par suite de sa seule volonté. La législation d'un peuple intelligent ne peut admettre ces principes absolus. Elle ne peut avoir pour la propriété ce respect à outrance, et elle cherche à concilier tous les intérêts.

La mauvaise volonté de certains propriétaires, les obstacles résultant de la minorité, de l'interdiction, de la dotalité, pourraient, ou empêcher absolument, ou retarder pendant longues années l'ouverture de canaux propres à féconder, par l'irrigation, de vastes étendues de terrain. La loi nouvelle donne le moyen de surmonter ces obstacles, comme le Code civil pour le cas d'enclave. Dans l'un et l'autre cas, le législateur a appliqué le même principe d'ordre social.

2 — Grave considération pour assigner le caractère de la loi du 29 avril et la faveur que mérite son application : c'est que la faculté qu'elle accorde pour la conduite des eaux est établie, dès les temps les plus reculés, ou récemment introduite, à l'exemple des anciens statuts, dans la plupart des législations d'Europe.

Dans un rapport distribué aux Chambres en 1844 et rédigé par M. Mauny de Mornay, inspecteur d'agriculture, on trouve rappelées des lois analogues existant de toute ancienneté en Catalogne ou dans l'Italie supérieure, plus nouvellement en Lombardie, en Sardaigne, dans le duché de Parme, et établies de nos jours même en Vurtemberg, dans la Hesse, en Prusse et en Angleterre.

L'ancien droit français, et peut-être aurait-on dû constater ce point mieux qu'on ne l'a fait, avait la même disposition, et c'était jadis *une règle du droit commun* (1), qu'il est permis d'obtenir passage au travers du fonds pour amener les eaux aux moulins ou aux prairies.

Un édit de Henri II, du 26 mai 1547, avait établi ce droit en Provence : «Permet S. M. à chascun ayant droict et faculté de molins et engins d'en conduire les eaux, faire fossées et eccluses par les propriétés de ses voisins et où sera convenable ; en payant toutesfois l'interest des parties ès fonds et propriétés desquels se feront lesdites levées et fossées, et ce, non–seulement pour les molins à blé, mais aussi pour tous autres engins. »

La même règle était appliquée en faveur de l'irrigation (2) et si constamment admise que Bretonnier l'appelle une servitude naturelle. « J'observerai, dit-il, un arrêt rendu en la Grand'-Chambre le 7 septembre 1696 au profit du sieur Amiot d'Albigny, seigneur de Bully en Lyonnois, contre le nommé Ponchon, par lequel il a été jugé que le propriétaire d'un pré a droit de conduire l'eau nécessaire pour l'arroser, et de la faire passer sur les héritages de ses voisins sans avoir besoin de titre ; c'est une *servitude naturelle* pour l'établissement de laquelle les titres ne sont pas nécessaires ; parce que, sans le secours de l'irrigation, les prés seraient stériles, surtout dans les pays qui sont secs, soit à cause du climat, soit pour raison de la situation (3). »

Cette jurisprudence était restée en vigueur surtout dans le

----

(1) Ce sont les expressions de San-Leger, *Résol. civ.*, ch, 48, n° 11.

(2) Papon, *Arrêts*, liv. 13, n°ˢ 8 et 9. — Brillon, *Dict.*, au mot *Eaux*, n° 4.— Lacombe, *Recueil de jurisprudence*, au même mot, n° 3.—Arrêt du P. de Provence du 30 mai 1778, Recueil de Jannety.—Julien, sur les statuts de Provence, tom. 1, p. 479 et 507.

(3) Bretonnier, sur Henrys, liv. 4, quest. 149, n° 10.

midi de la France. Lors de la rédaction du Code civil, la Cour
d'Aix et celle de Montpellier avaient proposé d'ajouter à l'art.
682 du Code civil que « le propriétaire dont les fonds sont encla-
vés, peut également, et aux mêmes conditions, réclamer un
passage pour la conduite des eaux destinées à l'irrigation de
son fonds. »

Voilà les antécédents et la généalogie de la loi du 29 avril
1845.

3 — Fallait-il procéder, contre le propriétaire du fonds à traverser, par voie d'expropriation de la parcelle nécessaire pour
l'établissement du canal? Fallait-il l'assujétir, seulement par
forme de servitude légale, à souffrir les ouvrages nécessaires
pour le passage des eaux ?

La proposition primitive établissait le droit d'expropriation,
à l'imitation de ce qui est établi pour les grands canaux par la
loi du 5 mai 1841, et il paraît que les lois nouvelles faites dans
le nord de l'Europe pour la conduite des eaux, à la différence
des législations italiennes, qui ont réduit le droit de passage à
une simple servitude, autorisent à procéder par voie de dépos-
session contre les propriétaires qui ne veulent pas consentir à
l'amiable au passage des eaux. On peut voir, dans le rapport
de M. Dalloz, les raisons, d'ailleurs très-justes, qui ont porté le
législateur français à donner la préférence au principe de la
servitude, réservant ainsi l'application de la loi du 5 mai 1841
pour les grandes entreprises de canalisation.

La loi a donc constitué une nouvelle servitude légale. Suivant les belles expressions de M. Bethmont : « Le temps marche, il faut que la propriété d'institution civile se métamor-
phose avec l'humanité même, et participe avec elle au progrès
du temps. Par conséquent, lorsque, dans le cercle de la loi,
nous trouverons à grever cette propriété de servitudes nouvelles que réclament les besoins nouveaux, nous ne ferons
rien que de légitime, et nous ferons sagement de ne pas négliger l'usage de notre droit (1). »

Mais la Commission de la Chambre des Députés n'avait pas
procédé avec cette hardiesse de vues. Par suite de cet esprit

____

(1) *Moniteur*, n° 43, p. 369.

d'hésitation et de timidité dont on retrouve partout la trace dans la discussion, elle avait imaginé de se rattacher à l'art. 640 du Code civil, afin de faire accepter la loi, non comme une innovation, mais comme une simple extension d'un principe posé par le Code civil. C'était vouloir faire entrer le droit d'aqueduc dans notre législation avec un faux passeport.

L'art. 640 consacre la servitude réciproque qui, d'après la situation des lieux, existe entre les fonds supérieurs et les fonds inférieurs pour le passage des eaux qui coulent *naturellement et sans que la main de l'homme y ait contribué*. Cette disposition n'a évidemment rien de commun avec le droit d'amener, par œuvre de main d'homme, les eaux d'un lieu à un autre, suivant des pentes et dans des conditions qui ne dérivent nullement d'obligations résultant de la situation des lieux. Ces deux servitudes sont fondées sur des principes différents : l'une est l'antipode de l'autre. Et pourtant l'article premier, proposé par la Commission, accordait l'indemnité... *à raison du préjudice que lui causerait* (au propriétaire du fonds intermédiaire) *cette aggravation de la servitude établie par l'art. 640 du Code civil*. Ces mots, qui terminaient le paragraphe premier de notre article, ont été retranchés sur la demande de M. Durand (de Romorantin).

Il est donc bien constant que la disposition établit une *nouvelle servitude légale*, et non pas une extension de la *servitude naturelle* consacrée par l'art. 640 du Code civil.

4 — En quoi la loi nouvelle déroge-t-elle aux principes du Code civil ?

Dans son premier rapport, M. Dalloz avait dit : « La Commission a commencé par poser en principe que son travail n'aurait pour objet que la servitude légale d'aqueduc, sans toucher en aucune manière à la législation existante sur la propriété, l'usage et le partage des eaux entre les riverains. »

A la séance du 12 février, M. Dalloz, rapporteur, disait encore :

« La question ne déroge ni directement ni indirectement aux règles du Code civil sur la propriété des eaux. En effet, que porte cette proposition ? Que le propriétaire qui voudra se servir, pour l'irrigation de ses propriétés, des eaux naturelles ou artificielles dont il a le droit de disposer, pourra réclamer le passage de ces eaux sur les fonds intermédiaires. Elle crée une nouvelle servitude légale pour la conduite des eaux destinées à l'irrigation.

» Maintenant, quelles sont les eaux dont on a le droit de disposer? Ces eaux sont de trois natures, et le propriétaire en dispose à des titres différents : à titre de propriétaire, à titre de simple usager et à titre de concessionnaire.

» Les eaux de la première espèce sont les eaux des sources, les eaux de pluie, les eaux recueillies par des moyens artificiels dans des réservoirs, et celles qui jaillissent du sol par des sondages de puits artésiens ; ces eaux appartiennent en toute propriété à celui sur le sol duquel elles naissent ou sont fixées.

» Les eaux de la seconde espèce sont les eaux des petites rivières qui ne sont ni navigables ni flottables. A l'égard de ces eaux, il n'y a pas de droit de propriété (1) ; il n'y a qu'un droit d'usage, réglé par les art. 644 et 645 du Code civil, qui donnent au propriétaire dont le terrain est traversé par ces eaux la faculté d'en user, à la charge par lui de les rendre à leur cours, et au simple riverain le droit de s'en servir, mais seulement pour l'irrigation de ses propriétés.

» Enfin, les eaux de la troisième espèce, dont on jouit à titre de simple concessionnaire, ce sont les eaux qu'on obtient la permission de dériver des fleuves ou des rivières navigables et flottables, et qui appartiennent au domaine public.

» La proposition s'applique à ces trois natures d'eau, dont un propriétaire peut disposer à des titres divers pour l'irrigation de ses propriétés. Mais elle respecte profondément toutes les règles du Code civil qui déterminent les limites dans lesquelles un propriétaire peut disposer de ses eaux. Elle n'ajoute rien au volume d'eau qui lui appartient aux termes du Code civil. Elle lui fait la simple concession d'une servitude de passage sur le fonds d'autrui, pour les faire arriver sur le fonds que ce propriétaire veut irriguer.....

» Venons aux eaux de la seconde espèce, c'est-à-dire aux eaux des rivières qui ne sont ni navigables ni flottables. Ici, point de droit de propriété, mais un droit d'usage. Que faisons-nous à cet égard? Est-ce que nous modifions la législation

---

(1) L'opinion de M. Dalloz, comme jurisconsulte, sur la propriété des rivières non navigables, est restée isolée dans la discussion de la loi du 29 avril 1845. Je l'examinerai plus loin.

existante ? Nullement. Lorsque nous établissons une servitude de passage en faveur du riverain dont la propriété est traversée ou bordée par un cours d'eau, nous ne lui concédons aucun droit autre que celui qui lui est déjà accordé par le Code civil. Encore une fois, nous n'établissons qu'une servitude de passage, et nous ne lui donnons pas un volume d'eau plus considérable que celui qu'il trouve dans les dispositions de la loi existante.

» On a prétendu qu'il résulterait de cette facilité un plus grand nombre de dérivations qui feraient surgir une foule de contestations entre les propriétaires riverains. Dans l'état actuel de la législation, on voit tous les jours s'élever des contestations entre les riverains, et entre eux et les usiniers, relativement à la jouissance des cours d'eau qui servent à l'irrigation des prairies et au mouvement des usines. Comment ces contestations sont-elles jugées? Ou par les tribunaux, lorsqu'il existe des titres qui forment le droit, qui accordent un droit exclusif à tel propriétaire contre tel autre, sur tel ou tel cours d'eau ; ou par l'autorité administrative à laquelle appartient la police des rivières, qui intervient d'office ou sur la réclamation des riverains, et fait un règlement pour accorder à chacun la part d'eau qui lui est due. Eh bien ! ce qui arrive fréquemment dans l'état actuel des choses arrivera également lorsque vous aurez établi une servitude de passage pour les eaux. Il y aura peut-être un certain nombre de contestations de plus, parce que les dérivations seront plus fréquentes. Mais la crainte de ces contestations, qui seront facilement résolues par l'autorité judiciaire ou administrative, ne saurait vous faire fermer les yeux sur les avantages de la proposition.

» Maintenant viennent les eaux concédées sur les fleuves et rivières navigables...

» Il est donc vrai de dire que la Commission n'a ni directement ni indirectement porté la plus légère atteinte aux règles du Code civil sur le régime des eaux. Tout ce qu'elle a fait, c'est de proposer une servitude de passage pour le volume d'eau dont on a droit de disposer d'après les principes des lois existantes. »

M. Bethmont avait reproché à la proposition d'intervertir les principes du Code civil ; M. Benoist, membre de la Commission, prit la parole pour protester contre le reproche d'avoir voulu donner à la loi nouvelle, pour objet ou pour effet, de concéder sur l'usage des eaux des droits nouveaux, des droits autres que ceux qui existent. « Dans la pensée de la Commission, ajoutait-il, il n'est rien préjugé sur le droit que les propriétaires peuvent avoir d'user des eaux. Nous n'avons pensé qu'à donner un seul droit, c'est le droit de passer sur le fonds d'autrui, et nous avons supposé que le propriétaire ou le voisin des eaux ne pourrait faire que ce qu'il a le droit de faire dans l'état actuel de la législation, si, d'accord avec lui, il achetait la propriété. Il est évident que le droit d'user des eaux, déterminé dans une certaine proportion par les lois existantes, par les règlements des eaux, par l'intervention de l'administration publique, est que le partage des eaux se fait aujourd'hui entre les propriétaires riverains. Nous ne préjugeons rien sur ce droit-là... La véritable intention de la Commission a été de ne rien innover sur ce qui existe aujourd'hui quant à la jouissance des eaux et à leur partage. S'il y a des contestations, elles seront jugées, comme elles le sont aujourd'hui, par l'intervention de l'autorité publique. Vous n'aurez innové qu'une seule chose : c'est le droit de passage. »

A la Chambre des Pairs, le même respect pour les principes du Code civil a été professé dans le rapport de M. Passy et dans tous les discours prononcés à la tribune. Ceux qui n'en faisaient pas un mérite à la loi lui reprochaient cette timidité méticuleuse, obstacle à tout progrès considérable.

« Le projet de loi, disait M. Passy dans son rapport, n'admet d'autre innovation que la possibilité accordée aux propriétaires d'obtenir le passage des eaux, dont ils ont le droit de disposer, sur les fonds d'autrui. Sur tout autre point, la législation présentement en vigueur ne subit aucune espèce de modification. »

Et, dans la discussion, M. Passy est revenu plusieurs fois sur cette même idée, comme on le verra dans d'autres passages que nous aurons occasion de rapporter plus loin.

M. de Gasparin : « La loi qui vous est présentée... ne s'écarte en rien des dispositions et de l'esprit du Code civil. »

5 — La faculté de dérivation s'applique, d'après notre article, à toutes les eaux dont on a *droit de disposer*, c'est-à-dire aux eaux des trois catégories rappelées dans le rapport de M. Dal-

loz : — aux eaux des rivières du domaine public dont on peut obtenir la concession du Gouvernement, suivant les formes et aux conditions que nous rappelons sous l'art. 5 ; — aux eaux des rivières non navigables ni flottables dont les riverains ont la *propriété modifiée* (1) ; — aux eaux des sources, des étangs et des autres réservoirs qu'on peut posséder à titre de *propriété absolue*.

M. Bethmont avait proposé de réduire l'application de la loi aux eaux dont l'impétrant aurait *la propriété*, ce qui aurait exclu les eaux des rivières du domaine public et celles des petites rivières. Mais cet amendement fut rejeté à la séance du 12 février (2).

6 — La dérivation des eaux des rivières du domaine public, par suite d'une concession du Gouvernement, ne saurait donner lieu à aucune difficulté, sinon entre le concessionnaire et les propriétaires des fonds au travers desquels les eaux devront être conduites. Les tiers, sur la demande de concession, peuvent présenter leurs observations et les faire consigner dans l'enquête *de commodo et incommodo*. Mais il appartient au Gouvernement de prononcer souverainement sur la demande, et, lorsqu'elle est accordée, le concessionnaire peut se dire propriétaire du volume d'eau qu'il lui a été permis de dériver.

7 — La même indépendance de disposition existe pour les eaux qui constituent une propriété privée absolue, comme les eaux des sources, des puits artésiens, et celles qui sont dérivées des réservoirs d'eaux pluviales.

A moins de droits acquis conformément à l'art. 642 du Code civil, le propriétaire de telles eaux pouvait, au préjudice du propriétaire inférieur qui en aurait eu jusque-là la jouissance, en détourner le cours, soit pour les conduire vers une autre partie de sa propriété, soit pour les concéder à un tiers (3). Maintenant, à l'aide du droit de passage forcé, il pourra les conduire sur un autre fonds de son appartenance.

Il n'y a rien de changé relativement aux tiers : ils n'avaient des eaux qu'une possession précaire et subordonnée. La loi

(1) V. *Traité des Cours d'eau*, n°ˢ 530 et suiv.
(2) *Moniteur*, n° 44, p. 318.
(3) V. le *Traité des Cours d'eau*, n° 766 *bis*.

nouvelle ne leur ôte rien. Seulement elle donne au droit du véritable propriétaire un moyen de disposition de plus.

8 — Les communes peuvent faire la concession des eaux pluviales qui s'amassent dans les terrains communaux, ou qui coulent le long des chemins publics (1). La loi du 29 avril 1845 leur donnera le moyen d'utiliser cette ressource, en augmentant le nombre de ceux à qui ces concessions pourront être faites. Autrefois, les riverains seuls des chemins pouvaient dériver ces eaux. Maintenant, les concessionnaires pourront, à l'aide de rigoles ouvertes au travers des fonds riverains, les conduire jusque dans l'intérieur des terres.

La possession de fait où pourraient être certains riverains de détourner sur leurs terres les eaux courant sur la voie publique, ne pourrait être attributive de droit : elle est purement précaire et ne fait pas obstacle aux dispositions que la commune peut faire pour l'emploi de ces eaux (2).

9 — L'application de la loi nouvelle aux eaux des rivières non navigables doit amener de grandes difficultés, des difficultés telles que plus d'un propriétaire, au milieu des procédures dispendieuses où il se sera engagé sur la foi des promesses de nos législateurs, aura, sans doute, à regretter que la loi n'ait pas été restreinte aux eaux concédées sur le domaine public et à celles qui sont une propriété privée absolue.

Il semble que les auteurs de la loi aient évité, à dessein, de se rendre un compte exact du droit des riverains sur les eaux des petites rivières. Ils ont fait leur loi, sans en poser les bases, par un sentiment d'impuissance ou de timidité, laissant aux tribunaux le soin de régler toutes les questions do principes.

On a vu que M. Dalloz, dans son rapport, avançait qu'il n'y a pas de droit de propriété sur les eaux des petites rivières. La Commission spéciale, instituée par le ministre de l'agriculture, s'était bornée à dire de cette question : « Question ardue, qui divise les meilleurs esprits. »

Mais, sans trancher cette question, si on voulait se tenir

---

(1) V. les autorités citées dans le *Traité des Cours d'eau*, n° 802.
(2) *Ibid.*, n° 800.

dans la réserve de la Commission spéciale, il fallait du moins dire nettement quelle est, indépendamment du principe d'où peut dériver ce droit, l'étendue du droit du riverain. Peut-il détourner l'eau pour la conduire sur un autre fonds que le fonds même qui, par sa contiguïté, lui donne droit à la rivière? Peut-il céder son droit à un autre? Et, soit qu'il prétende transférer lui-même sur un autre fonds l'exercice de son droit, soit qu'il le délègue à un autre, dans quelle mesure pourra-t-il en user, soit par lui-même, soit par ses ayants-cause?

Sur ces questions ont été énoncées, dans le sein de la Commission spéciale et devant les deux Chambres, des opinions qui sont loin de pouvoir donner la règle.

Sur la question de savoir si l'on reconnaîtrait au propriétaire, immédiatement riverain d'un cours d'eau, le droit de céder à un propriétaire non riverain la faculté qu'il a de prendre les eaux pour l'irrigation de ses propriétés, la Commission a pensé que « c'est là une question étrangère au droit de passage des eaux, et qui trouverait naturellement sa solution *dans les principes du droit commun* ; qu'au surplus, le propriétaire riverain, qui consentirait à céder son droit de prise d'eau à son voisin, *pourrait consentir aussi à lui vendre une portion de terre riveraine suffisante pour exercer la prise d'eau* (1). »

Cette réserve du droit commun servait d'argument à M. Bethmont, lorsqu'à la séance du 12 février, il proposait d'exclure de la disposition les eaux des rivières non navigables. Puisqu'on ne voulait pas déroger au Code civil, on ne pouvait pas, disait-il, reconnaître aux propriétaires riverains le droit de prendre les eaux dans le lit des rivières pour les conduire sur d'autres terrains que ceux que le cours d'eau borde ou traverse.

Cet argument était juste, et si l'amendement n'eût pas compris également dans son exclusion les eaux du domaine public, ce qui a pu influencer grandement la décision, on pourrait conclure de ce rejet que la Chambre a entendu déroger au droit commun et considérer les riverains des cours d'eau non navigables comme ayant *droit de disposer* à leur gré du volume d'eau afférent à leurs héritages ou de le conduire sur d'autres fonds.

____

(1) **Deuxième** rapport de M. Dalloz.

A la séance du 13 février, les explications suivantes ont été échangées entre MM. Dalloz et Gillon. :

M. Gillon : «... Le long d'une rivière qui n'est ni navigable ni flottable, et qui est, par conséquent, dans le domaine privé, un propriétaire qui tient de l'art. 644 du Code civil le droit de prendre dans le courant une quantité d'eau déterminée pour arroser son héritage riverain qui est de médiocre étendue, veut aussi arroser un autre héritage beaucoup plus considérable qui lui appartient, à 300 mètres plus avant dans les terres, et qui est séparé du premier par plusieurs propriétés intermédiaires. Il fait condamner les maîtres de celles-ci à recevoir les ouvrages de la conduite d'eau. Mais quelle quantité d'eau pourra-t-il prendre ? Evidemment, celle-là seulement à laquelle il avait droit pour son petit terrain riverain. Car on a répété, jusqu'à satiété, que la loi ne créait pas de droits nouveaux, n'attribuait pas de facultés nouvelles. C'est-à-dire que, pour arroser son héritage plus éloigné, le propriétaire sera contraint de négliger l'irrigation de la terre riveraine du cours naturel de l'eau. Je crois que c'est là le sens de la loi. M. le rapporteur semble me faire un signe affirmatif. — De même, si le maître d'un héritage, qui est éloigné du courant, veut y faire des arrosements, il faudra qu'il achète une propriété riveraine qui lui procurera nécessairement le droit de prendre une certaine quantité d'eau correspondante aux besoins de l'irrigation de cette propriété, et c'est cette eau qu'il aura la faculté de transporter en même volume sur son héritage qui est à certaine distance. Mon assertion est exacte. Le volume d'eau ne peut être accru, quoique l'héritage qui réclame les arrosements pour acquérir quelque fertilité soit d'une étendue bien plus grande que l'héritage riverain qu'on prive d'eau, en tout ou en partie, pour enrichir le premier... Il faut bien que le volume des eaux qu'il sera permis de conduire sur le terrain éloigné n'excède pas celui qu'on aurait pu prendre pour arroser la propriété riveraine où s'érige l'établissement de la servitude ; autrement, les propriétaires inférieurs seraient en droit de se plaindre. Aucun préjudice ne saurait résulter pour eux de ce que l'eau va rafraîchir une terre au loin, au lieu d'irriguer la terre au bord du courant naturel...

» Je prie M. le rapporteur de nous dire si ces restrictions au profit des riverains sont, en effet, voulues par la loi en discussion. »

M. Dalloz, rapporteur : « La Commission a voulu rester rigoureusement dans les principes du droit commun. L'honorable membre sait mieux que moi, sans doute, que la police des cours d'eau non navigables appartient essentiellement à l'administration supérieure. A l'État seul appartient de faire le partage des eaux entre les riverains qui y ont des droits d'usage, aux termes des art. 644 et 645 du Code civil. S'il arrive qu'un riverain veuille faire une prise d'eau, il ne le pourra qu'avec l'autorisation du pouvoir administratif (1). S'il excède sa concession, ce sera l'objet d'une réclamation de la part du riverain lésé, ou bien d'un règlement général, intervenant entre tous les riverains, et par lequel l'administration déterminera la part de chaque riverain selon sa position et ses droits...

» Dans l'hypothèse d'un propriétaire riverain qui veut faire passer les eaux sur une parcelle intermédiaire, afin d'irriguer une autre propriété, le propriétaire ne pourra obtenir de l'administration, au détriment des propriétaires inférieurs, le droit de dériver une quantité d'eau plus considérable que celle qui lui serait afférente à raison de sa propriété qui borde la rivière. Si cette explication suffit à notre honorable collègue, je n'irai pas plus loin. »

M. Gillon. « Dès lors, et par la même raison, la concession faite par un propriétaire qui est immédiatement riverain ne pourra être faite que d'une quantité tout au plus égale à celle à laquelle ce riverain avait droit. »

M. Dalloz. « Sans doute !... Cela est incontestable et résulte du droit commun, suivant lequel nul ne peut transmettre plus de droits qu'il n'en a lui-même. »

M. Dalloz, qui se laissait ainsi entraîner à concéder qu'un riverain pourrait transporter son droit à un autre, avait commencé par combattre cette hypothèse lorsqu'elle avait été énoncée par M. Pascalis. « Dans les développements où est entré M. Pascalis, avait-il dit, il a traité la question de savoir si le

(1) Cela n'est vrai que sur les rivières pour lesquelles il existe un règlement particulier prohibitif de toute prise d'eau, à moins d'autorisation préalable de l'administration. Sur les cours d'eau non réglementés, les riverains peuvent opérer des prises d'eau, sauf toute action de la part des tiers.

propriétaire riverain d'un cours d'eau pourrait céder son droit comme il le voudrait à un propriétaire non riverain (1). *Cette question se rattache à la propriété des eaux, et la Commission, dès le principe, s'est résolue à ne toucher ni directement, ni indirectement, aux règles du Code civil sur le régime des eaux* (2). »

D'une autre part, après la conversation de MM. Dalloz et Gillon, M. de Lafarelle disait : « Que résulte-t-il de ces explications? Il en résulte que le propriétaire riverain, qui a le droit de prendre les eaux, *ne pourra jamais les prendre que pour sa propriété riveraine. Il ne pourra donc ni les transporter sur une autre propriété séparée de celle-là par des fonds intermédiaires, ni les céder à un voisin.* Il ne pourra jamais en prendre que la quantité à laquelle son étendue de terrain et sa position lui donnent droit. Mais, une fois ce fait constaté, qu'en résulte-t-il? c'est que le plus souvent, pour ne pas dire presque toujours, il ne pourra pas user du bénéfice de votre loi. »

On trouve ainsi alternativement, sur la question que nous examinons, le *oui* et le *non* dans tous les éléments de la discussion.

Le rejet de l'amendement de M. Bethmont, que nous avons rappelé tout à l'heure, semblerait significatif. Avoir reconnu aux riverains des cours d'eau non navigables le *droit de disposer*, leur avoir accordé la faculté de conduire les eaux au travers du fonds d'autrui, n'est-ce pas les avoir déliés de l'obligation de ne pouvoir utiliser les eaux que sur leurs fonds riverains, et les avoir autorisés à les transporter sur d'autres fonds? Cette conséquence paraît évidente, et pourtant, qu'on lise la discussion.

Pour justifier son amendement, M. Bethmont supposait que le projet proposait de donner la faculté à un propriétaire riverain dans une vallée, de faire passer les eaux sur un héritage qu'il posséderait dans une autre vallée, et il se récriait avec raison contre cette faculté subversive des principes du Code civil, qui, en n'accordant l'usage des eaux qu'à charge de restitution, les attribue exclusivement aux propriétés qui sont

---

(1) Dans le discours de M. Pascalis, tel qu'il est rapporté au *Moniteur, p.* 326, *col.* 2, il n'y a pas un mot qui se rattache à cette question. Sans doute, en revoyant l'épreuve de son discours, M. Pascalis a retranché ce passage, s'étant aperçu de l'erreur de droit qui lui était échappée.

(2) *Moniteur, n°* 45, *p.* 326, *col.* 2.

dans la vallée que le cours d'eau parcourt. « A qui appartien-
draient ces eaux, d'après votre disposition, disait-il? J'ai un
terrain sur le bord de ces eaux, et, comme j'ai cinquante hectares de terrain situés à une grande distance, je puis me servir
de ces eaux pour arroser mes héritages. L'art. 645 dit *héritages*, sans distinction. Je pourrais donc porter ces eaux à travers des propriétés qui n'en seront pas arrosées !.... »

Non! non! cria-t-on de toutes parts à l'orateur, en protes-
tant contre le sens erroné qu'il prêtait ainsi à la proposition ;
et M. Benoist, membre de la Commission, en répondant à
M. Bethmont, déclarait que « l'*intention de la Commission a été
de ne rien innover sur ce qui existe aujourd'hui, quant à la
jouissance des eaux et à leur partage.*»

Puis, le lendemain, M. Dalloz, rapporteur, répondant à M. Gillon, était amené à concéder la conséquence innovatrice contre laquelle la Commission et la Chambre entière avaient pro-
testé la veille!

A quoi se prendre, à quoi se rattacher dans ce pêle-mêle?

La discussion à la Chambre des Pairs ne présente pas plus
d'unité et de certitude.

Dans la première partie de son rapport à la Chambre des
Pairs, M. Passy dit que, dans l'état actuel de la législation, « il
n'y a que les terrains bordés par les eaux qui puissent en utiliser les propriétés fécondantes. Si les riverains peuvent, à certaines conditions, les y faire refluer, là s'arrête leur pouvoir.
Il leur est interdit d'en conduire ailleurs le moindre superflu.
Bien plus, des décisions judiciaires, conformes à l'avis de jurisconsultes éminents, ont établi que, réservé aux seuls champs
qui se trouvaient en contact immédiat avec les cours d'eau au
moment où parut le Code civil, le droit à l'arrosement n'avait
pu s'étendre à aucune des annexes qui depuis y ont été rattachées et les ont agrandis. » Il dit ensuite que « le projet de loi
n'admet d'autre innovation que la possibilité accordée aux
propriétaires d'obtenir le passage des eaux, dont ils ont le
droit de disposer, sur les fonds d'autrui », et que, « sur tout
autre point, la législation maintenant en vigueur ne subit aucune espèce de modification. » Et pourtant, un peu plus loin,
il suppose qu'en vertu de la loi nouvelle, le riverain d'un cours
d'eau non navigable obtiendra « la possibilité de conduire les
eaux au-delà des champs qui seuls maintenant peuvent en re-

cevoir l'épanchement » et, plus loin encore, il ajoute : « Le droit à l'usage des eaux dont jouissent les riverains est inhérent à la propriété même, et nul ne peut disposer en faveur d'autrui que de la part limitée dont il est possesseur, et en établissant la première dérivation sur son propre sol. »

Et cependant, lors de la discussion, à la séance du 19 avril, M. Passy répéta à plusieurs reprises : « Dans le projet de loi, il n'est dérogé à aucun des principes du Code civil, ni à aucun des usages actuellement existants... Quant à la question de propriété, nous n'y avons pas touché... Du droit de dériver les eaux ne résultera pour les riverains aucune faculté nouvelle, aucun droit nouveau. »

De toutes ces explications mal justifiées, de toutes ces déclarations divergentes, que faut-il conclure ? Il est un point sur lequel tout le monde a été d'accord, c'est que la loi nouvelle n'a entendu déroger ni directement ni indirectement aux principes du droit commun. Le magistrat devra donc recourir à ces principes exclusivement, sans s'arrêter aux consultations données à la tribune.

10 — Les articles 640 et suivants du Code civil supposent tous que les eaux ne sont qu'un accessoire de la propriété ; la jouissance des eaux est conférée au propriétaire, à raison du rapport qui s'établit entre ces eaux et le terrain qu'il possède. Une part afférente dans le domaine commun ne lui est donc attribuée qu'eu égard au terrain qu'il possède, et pour ce terrain exclusivement.

C'est ainsi que nous avons établi ailleurs (1), qu'un propriétaire riverain ne peut conduire les eaux sur un fonds qui ne participait pas ci-devant au bénéfice de l'irrigation, et qu'il aurait réuni à sa propriété ; et que les riverains ne peuvent transmettre les eaux à des propriétaires plus éloignés.

« La condition de cet usage (conféré au riverain par l'article 644 du Code civil), dit M. Pardessus (2), est que l'eau, dans son cours naturel, *touche la propriété de celui qui veut en profiter*... — Le propriétaire du terrain que traverse le cours d'eau... ne peut faire couler l'eau sur un autre fonds à qui la

(1) *Traité des Cours d'eau*, nᵒˢ 587 et 589.
(2) *Traité des Servitudes*, nᵒˢ 105 et 106.

disposition naturelle des lieux ne l'attribuerait pas *immédiate-ment*, quand même ce fonds lui appartiendrait... — L'usage des eaux n'a pas lieu à titre de servitude ; il est la conséquence de ce que l'eau, en coulant sur un fonds, en devient l'*accessoire momentané*; accessoire dont le propriétaire de ce fonds peut user dans les termes réglés par la loi (1). »

M. Duranton et M. Proudhon sont du même avis que M. Pardessus (2), et la jurisprudence de la Cour de cassation est conforme à cette doctrine (3).

La loi nouvelle fait, en faveur de celui qui a des eaux à sa disposition, ce que ferait une convention particulière. La loi vaut de contrat à tout possesseur d'eaux pour obtenir passage à travers du fonds d'autrui. Voilà toute la loi. Or, s'il est certain qu'en vertu de quelque convention que ce soit, faite avec ses voisins, un riverain n'aurait pu, avant la loi nouvelle, conduire les eaux sur un héritage non riverain ou céder sa part à un non riverain, il est non moins évident qu'il ne peut opérer un pareil détournement en vertu de la loi nouvelle, puisque cette loi n'a pas entendu conférer de nouveaux droits sur les eaux, mais seulement donner aux droits existants de nouveaux moyens d'action à l'égard des tiers et uniquement pour le passage de l'aqueduc.

C'est précisément parce que, suivant les expressions de M. Passy, le droit du riverain sur les eaux est *inhérent à la propriété même*, que l'exercice ne peut en être transporté à une autre propriété non riveraine.

Les hypothèses admises par MM. Dalloz et Gillon sont donc absolument incompatibles avec les principes du Code civil, tels qu'ils ont été jusqu'à présent entendus et pratiqués.

---

1) A la Chambre des Pairs, M. le président Boullet essayait de concilier le Code civil avec la nouvelle loi *(Moniteur*, n° 110, p. 1046, 1er *col.)* : « On n'a pas entendu déroger au Code civil, disait-il, et de l'art. 644 du Code *il résulte que le propriétaire ne peut disposer que des eaux nécessaires à sa propriété.* Ainsi, le propriétaire qui a une propriété éloignée à arroser ne peut cependant conduire sur cette propriété que les eaux dont il aurait droit de disposer relativement à sa propriété riveraine... » On voit, d'après la doctrine de M. Pardessus, que cette manière de concilier le Code avec la loi nouvelle consiste tout simplement à donner au Code un sens tout nouveau, une application que la jurisprudence n'a jamais consentie.

2) *Droit civil*, tom. 5, n°s 230 et suiv. — *Du Domaine public*, n° 1426.

(3) Arrêts des 11 février 1811 et 20 mars 1827.

Et, dans la pratique nouvelle qu'on propose, on n'arriverait qu'à des procès sans fin, car, avant qu'on ait pu déterminer la part précise d'eau que peut absorber ici le propriétaire riverain, pour régler celle qu'il peut transmettre ailleurs, les travaux de dérivation propres à mesurer cette part, sans plus, et la déduction à opérer pour la portion absorbée dans le parcours du canal de conduite, que d'expertises! que de frais! que d'incertitudes!

La Commission spéciale posait une solution bien plus étrange encore, quand elle supposait que, si le riverain ne pouvait transporter ou céder son contingent dans le volume alimentaire du cours d'eau, il lui suffirait, pour légaliser la mise en possession du non riverain, de *lui vendre une portion de terre riveraine suffisante pour exercer la prise d'eau!* Comme s'il suffisait de confronter, par quelques mètres de rive, un cours d'eau, pour le saigner à sa fantaisie!

11 — Au reste, toutes ces hypothèses d'eaux transportées des fonds riverains à d'autres fonds qui ne le seraient pas, viennent échouer devant la condition essentielle posée par l'art. 644. Le riverain ne peut user des eaux qu'à charge de les rendre à leur cours ordinaire, *à l'issue de son fonds.* M. Gillon caractérisait très-justement les conséquences de cette obligation, lorsqu'il disait que « les propriétaires inférieurs ont le droit d'exiger que l'eau leur revienne après l'arrosement effectué, et qu'elle revienne sur un point tel et de telle manière qu'ils puissent les faire servir à l'arrosement de leurs terrains, avec une facilité aussi grande que si l'eau n'avait jamais quitté l'héritage riverain qui est en amont. »

Or, puisque tels sont incontestablement les principes du droit commun, comment ne pas voir tout de suite qu'adopter l'idée de faire transmettre sur des héritages éloignés le contingent d'eau qui appartient à un héritage riverain, c'est accepter une hypothèse sans réalisation possible, du moins dans le plus grand nombre des cas ?

Et il a été bien entendu que la loi nouvelle ne devait pas déroger à la condition essentielle prescrite par l'art. 644.

M. Durand (de Romorantin) : « Je demande à la Chambre la permission d'adrésser une question au rapporteur. L'art. 644 du Code civil dit que le propriétaire qui se servira des eaux bordant ou traversant sa propriété, pour irriguer ses champs, devra les rendre ensuite à leur cours naturel. Je ne vois rien de semblable dans la disposition qui vous est soumise. Je demande si, dans l'intention de la Commission, on doit déroger à la disposition de l'art. 644.»

M. le Rapporteur : « La disposition soumise à la Chambre par la Commission ne porte aucune atteinte à l'art. 644. Cet article renferme deux dispositions distinctes : l'une qui accorde au propriétaire, dont l'héritage est traversé par une eau courante, le droit de s'en servir, non-seulement pour les besoins de l'agriculture, mais encore pour les besoins de l'industrie, à la charge de la rendre à son cours primitif; l'autre, qui est relative au propriétaire dont le champ est, non pas traversé, mais bordé par une eau courante. Dans ce cas, il peut prendre l'eau, mais seulement pour l'irrigation de sa propriété. — Notre proposition, en créant le droit de passage pour les eaux, n'apporte aucune modification aux dispositions de l'art. 644, sur l'obligation de rendre les eaux qui est imposée au propriétaire dont l'héritage est traversé par elles. »

Cette question et cette réponse terminent péremptoirement la discussion sur ce point, et, indépendamment de l'élément de solution que nous avons posé ci-dessus, en rappelant que l'usage des eaux appartient aux fonds riverains à titre d'accessoire, il suffira sans doute, dans le plus grand nombre des cas, de la condition de retour prescrite par l'art. 644 pour empêcher tout détournement au profit de fonds plus éloignés.

De là, il résulte que, si la Chambre, en rejetant l'amendement de M. Bethmont, a réellement entendu reconnaître aux riverains des cours d'eau non navigables la faculté de participer au droit de conduite, c'est en subordonnant l'exercice de ce droit à l'observation des conditions prescrites par le Code civil.

D'ailleurs, nous allons examiner tout à l'heure (n° 13) un cas où le droit de conduite peut être reclamé par un propriétaire riverain pour utiliser les eaux sur le fonds même que la rivière borde ou traverse; et ce cas suffirait pour justifier l'application de la faculté de passage au profit des riverains, sans qu'il soit besoin, pour expliquer la concession de ce droit, de supposer que les règles du Code ont été interverties, et que la loi nouvelle a entendu transporter à tous les fonds un béné-

fice que le Code civil n'avait attaché, comme conséquence de
la situation des lieux, qu'aux héritages bordés ou traversés
par le cours d'eau.

12 — *M. Durand* (de Romorantin) ayant demandé si les propriétaires d'usines situées en aval de la prise d'eau auraient
droit à indemnité en cas de diminution de leur volume alimentaire, par suite de l'ouverture de la prise d'eau, *M. Benoist*,
membre de la Commission, répondit : « On a toujours supposé
que la loi proposée statuait quelque chose sur la quantité d'eau
dont chacun pouvait disposer. Nous avons répété à satiété que
la loi ne portait aucune atteinte aux droits actuellement existants, et ne constituait aucun droit nouveau pour ceux qui, aujourd'hui, disposent des eaux. On demande quelle sera l'indemnité des propriétaires des locaux inférieurs dont le volume
d'eau se trouverait diminué par l'usage qu'en ferait le propriétaire supérieur. Nous répondons que, s'il y a dommage parce
que le volume d'eau sera diminué, ce serait le cas d'un règlement d'eau à faire, par l'administration publique, dans la
forme aujourd'hui existante (1). »
Du moment qu'on avait posé en principe que la loi nouvelle
n'ajoutait rien aux droits des riverains sur les eaux, il était
bien clair, en effet, que les riverains, placés au-dessous de la
dérivation, conservant par là même tous leurs droits, devaient
conserver tous les moyens de se défendre contre les conséquences d'un nouvel œuvre dommageable pour eux.
Mais il n'est pas exact de dire ainsi, d'une manière générale,
que, s'il s'élève un débat entre l'auteur d'une dérivation et les riverains inférieurs, qui se plaindront d'être privés d'une partie
du volume alimentaire dont ils étaient en possession de se servir,
l'administration publique décidera ce débat par un règlement...
Il est bien vrai que l'administration peut intervenir en pareil
cas, surtout quand il s'agit d'intérêts assez importants, assez
nombreux pour légitimer son action. Mais, si elle refuse d'intervenir, l'envahisseur restera-t-il maître de la part qu'il se sera
faite à sa guise dans le domaine commun ? Et, si l'administration, en intervenant, consacre l'envahissement de l'un, la dépos-

(1) *Moniteur*, n° 45, p. 330.

session des autres, ceux-ci n'auront-ils d'autre recours qu'une
résignation philosophique?

Précisément parce que la loi nouvelle n'a entendu porter aucune atteinte aux droits existants, il faut répondre à ces questions que le recours est ouvert devant les tribunaux.—Tant que
l'administration n'a pas prononcé, les tribunaux doivent assurer garantie aux possessions acquises, et, dans tous les cas,
user du pouvoir discrétionnaire conféré par l'art. 645 du Code
civil.—Quand l'administration a statué, les tribunaux ne peuvent rien ordonner de contraire aux dispositions qu'elle a consacrées ; mais ils peuvent encore accorder des dommages-intérêts. En un mot, on appliquera, en pareil cas, les principes
que nous avons développés dans notre *Traité des Cours d'eau*,
n°s 983 et suiv.

Depuis la troisième édition de ce Traité, la jurisprudence
s'est de nouveau prononcée sur les pouvoirs des tribunaux
statuant, soit en l'absence de tout règlement administratif, soit
après que l'administration a rendu une décision.

Ainsi, la Cour de Toulouse ayant rejeté la demande de propriétaires riverains qui se plaignaient d'être préjudiciés dans
leurs moyens d'irrigation par l'usage excessif que faisaient des
eaux les propriétaires supérieurs, la Cour de Cassation a cassé
cet arrêt en décidant qu'en pareil cas les tribunaux devaient,
conformément à l'art. 645 du Code civil, réprimer toute entreprise abusive, et, à défaut de titres, régler l'usage des eaux
entre les divers ayants-droit (1).

Ainsi, la Cour de Cassation a jugé que quand, dans le règlement d'une usine, l'administration a prescrit des mesures
contraires à des conventions privées, en réservant le droit résultant de ces conventions, les tribunaux, qui ne peuvent pa-
ralyser l'exécution du règlement, doivent néanmoins attribuer
des dommages-intérêts aux propriétaires préjudiciés (2).

Ainsi, enfin, la Cour de Rouen a décidé (3) que, lors même
que, dans un règlement de cette nature, la réserve des droits
des tiers n'a pas été expressément énoncée, comme cette réserve est de droit, les propriétaires préjudiciés peuvent porter

---

(1) Cass., 21 août 1844. *Gazette des Trib.* du 22.
(2) Cass., 24 février 1845. *Gazette des Trib.* du 26.
(3) Arrêt du 24 mai 1844. *Champigny* (inéd.).

devant les tribunaux leurs demandes en dommages-intérêts,
et un conflit ayant été interjeté contre cet arrêt, l'arrêté de
conflit a été annulé, « considérant que les travaux dont il s'a-
git ont été exécutés par le sieur Bellesme, dans l'intérêt de son
usine, et que dès lors l'autorité judiciaire était compétente
pour prononcer sur la demande en dommages-intérêts formée par le sieur Champigny, et qu'il fonde d'ailleurs sur
des titres anciens de possession et de propriété (1). »

Toutes les fois donc qu'une demande en ouverture d'aqueduc
sera portée devant les tribunaux, comme lorsque le droit de
passage sera pratiqué en vertu d'une convention particulière,
les tiers intéressés, propriétaires de prairies inférieures, propriétaires d'usines, pourront se pourvoir contre la nouvelle entreprise, soit par voie d'intervention sur la demande déjà formée, soit par voie d'action principale. « La perturbation qui
pourrait être le résultat de dérivations plus nombreuses et plus
abondantes sera prévenue ou réprimée, soit par un règlement
d'eau semblable à ceux qui émanent ordinairement de l'autorité administrative toutes les fois que la police d'un cours d'eau
en fait sentir le besoin, soit par les tribunaux auxquels les riverains et les propriétaires d'usines peuvent toujours recourir pour
faire respecter leurs droits (2). »

Pareille entreprise rentre dans la classe de toutes celles qui
s'élèvent relativement à l'usage des eaux. La loi nouvelle ne
donne aucune sauvegarde aux envahisseurs, et les droits de
chacun se défendent et s'apprécient par tous les moyens indi-
qués par le droit commun. « Les contestations, dit encore le
rapport de M. Dalloz, seront de même nature que celles qu'on
voit s'élever chaque jour entre les riverains d'un cours d'eau. »

13 — Le propriétaire d'un fonds riverain, trop élevé au-
dessus des eaux pour pouvoir jouir de l'arrosage, peut-il agir
contre les riverains supérieurs pour obtenir sur leurs fonds
une prise d'eau et un canal de dérivation qui lui amène les
eaux ?

Il faut convenir que la loi nouvelle a surtout eu en vue les
propriétaires qui, touchant aux eaux par un point de leurs hé-

____

(1) Arrêt du Conseil du 28 août 1844.
(2) Premier rapport de M. Dalloz.

ritages, veulent les prendre à ce point pour les porter, au travers des fonds intermédiaires, sur une autre partie qui en est privée. Mais il nous semble que l'esprit de la loi milite énergiquement pour en appliquer la disposition au propriétaire riverain qui se trouverait dans le cas prévu, du moins en tant qu'il n'en résulterait aucun préjudice pour les tiers et que les autres riverains ne s'opposeraient pas à la dérivation ; car on conçoit qu'il est telle position où des arrosants, placés entre la prise d'eau projetée et la propriété qu'il s'agirait d'arroser, auraient intérêt à prévenir ce détournement, et à rappeler leur voisin à l'observation stricte de l'art. 644, qui ne permet de prendre les eaux qu'*à leur passage*. On dirait alors au réclamant qu'il n'a *droit de disposer des eaux* qu'au moment où elles sont arrivées devant son héritage.

Sauf ce cas d'arrosants ou d'usines intermédiaires (dans les pays où l'exploitation des usines s'exerce en même temps que l'arrosement des prés), il nous paraît sans difficulté que le propriétaire d'un fonds dont la banque est trop élevée pour rendre l'eau immédiatement à la rivière qui le borde pourra acquérir, à l'encontre des riverains inférieurs, la faculté d'amener l'eau sur son fonds à l'aide d'une rigole ouverte en amont au point convenable.

A cette position s'applique évidemment ce que disait le ministre de l'agriculture et du commerce à la Chambre des Pairs (1) : « Sans la concession de ce droit (de passage au travers du fonds d'autrui), les irrigations seront restreintes et difficiles. Très-rarement les lieux sont disposés de telle sorte que l'arrosement en soit possible *sans que le canal d'amenée traverse le terrain d'autrui*. Que l'État concède, *que le riverain use de son droit*, que le propriétaire d'un étang, d'une source veuille en tirer parti, presque toujours il devra, *soit pour amener l'eau à la surface de sa propriété*, soit pour la faire passer d'une parcelle à l'autre, la conduire à travers le domaine d'autrui : nier cela serait se refuser à l'évidence des faits. » Et un peu plus loin : « ... Le riverain aura un droit d'usage, et ce droit sera pour lui sans utilité, car son voisin en empêchera l'exercice !... Le législateur n'a pu vouloir un non-sens et créer des propriétés et des droits impossibles. »

(1) *Moniteur*, n° 110, *p.* 1045, 3ᵉ *col.*

Déjà, dans la pratique, ce droit s'exerce sans conteste, du moment que les propriétaires supérieurs y consentent. Rien n'est plus commun que de voir plusieurs prairies contiguës successivement traversées, sur leur faîte, par une seule et même rigole qui court parallèlement à la rivière, dans une distance plus ou moins longue, avant d'y rendre les eaux, et qui, alimentée par une prise d'eau située en amont, livre, en passant à chaque prairie, par des rigoles secondaires, le contingent à auquel elle a droit. Rien de plus légal que cet aménagement qui donne à chacun la part qui lui appartient dans le domaine commun et suivant le mode le plus à sa convenance (1).

Or ce qui, sous le Code civil, pouvait valablement, à l'égard des tiers, se faire par convention entre deux ou plusieurs parties intéressées, peut maintenant se faire en vertu de la loi.

14 — L'indemnité accordée au propriétaire du fonds traversé doit être la représentation entière de tous les inconvénients actuels ou éventuels que l'établissement de l'aqueduc peut lui causer. «Dans cette appréciation doit entrer. non-seulement la valeur du terrain en lui-même, dont il se trouve privé par le canal et ses dépendances, mais encore l'évaluation du préjudice que lui causent la confection et l'existence du canal, et la séparation de sa propriété en deux ou plusieurs parties (2). »

Si le passage de l'eau apportait une notable diminution dans la valeur de l'héritage traversé ; si le reste de la propriété se trouvait, par suite de l'ouverture du canal, impropre à l'usage pour lequel cette propriété a été destinée, le propriétaire pourrait-il demander qu'on lui achetât le tout ?

La loi de Lombardie contient un article ainsi conçu : « Dans le cas où le passage de l'eau apporterait une notable diminution dans le prix de la pièce entière sur laquelle l'aqueduc serait construit, on pourra forcer celui qui veut établir le cours d'eau à acheter toute cette pièce de terre au prix fixé par les arbitres. »

La loi nouvelle n'a pas la même disposition que la loi lom-

(1) V. *Traité des Cours d'eau*, n° 588 *bis*. — M. Pardessus, *des Servitudes*, n° 105.
(2) Rapport de M. Dalloz.

barde ; mais le résultat est le même, car, s'il est vrai que le propriétaire du fonds traversé ne peut réellement tirer aucun parti utile de ce qui ne sera pas occupé par l'emplacement du canal, l'indemnité à lui payer s'élèvera forcément à la valeur de son terrain tout entier.

Si le nouvel aqueduc doit traverser quelque canal, il deviendra indispensable, pendant le temps que dureront les travaux, d'intercepter, de détourner les eaux du canal, afin d'exécuter les constructions nécessaires. C'est là une des conséquences de la faculté accordée. *Concesso uno, omnia ad id necessaria concessa videntur.* Mais il va sans dire que l'auteur de la dérivation devra toutes les indemnités, pour chômage ou autres causes résultant temporairement du détournement des eaux.

Le juge ne doit pas oublier, dans le règlement des indemnités, qu'il s'agit, pour le demandeur, d'une spéculation, d'un profit à réaliser, tandis que, pour le défendeur, il ne s'agira, la plupart du temps, que d'un inconvénient à supporter. Les indemnités doivent donc être fixées plutôt avec une certaine libéralité qu'avec cet esprit de restriction qui préside habituellement à toute appréciation de dommages-intérêts. Le juge pourra se rappeler que, dans toutes les législations qui ont admis le principe du passage forcé pour les eaux, le demandeur supporte, en sus de l'indemnité principale, une quotité additionnelle du double, du quart ou du cinquième (1), compensation du profit présumé que l'entreprise doit lui rapporter.

Dans la fixation de l'indemnité, le juge doit prendre en considération que le propriétaire du fonds traversé devra continuer à payer l'impôt du terrain occupé par le canal, par cela qu'il en conserve la propriété, et que ce terrain, consacré désormais au service d'un autre, ne lui profite plus en aucune manière.

C'est surtout pour faire face à cette obligation du payement des impôts qu'il eût été juste de consacrer précisément dans la loi du 29 avril 1845, ce qui est fixé par les lois italiennes sur lesquelles elle est calquée, à savoir que l'auteur de la dérivation doit payer au moins un cinquième en sus de la valeur du fonds occupé. Il eût été mieux sans doute que la loi exprimât

____
(1) V. le *Traité des Irrigations* de M. Nadault de Buffon.

cette condition. Mais il est dans le pouvoir du juge de la suppléer.

15 — Dans quelques cas, les tribunaux pourront trouver
convenable, au lieu d'une somme une fois payée, de liquider
l'indemnité en une rente annuelle.

Il y avait dans la jurisprudence des anciens Parlements quelque chose d'analogue à la disposition de la loi du 29 avril 1845.
Quand celui qui bâtissait un moulin ou qui formait un étang
était obligé de faire refluer les eaux sur l'héritage de son voisin, s'il était démontré que son étang ou son moulin ne pouvaient subsister qu'à cette condition, il obtenait la permission
de les conserver, sauf indemnité au profit des voisins, et cette
indemnité était réglée en une rente annuelle (1). Cela avait l'a-
vantage de mesurer d'une manière plus précise les dommages-
intérêts sur le préjudice réellement causé, et de faire cesser
l'indemnité en même temps que le dommage, si, ultérieurement, quelque changement était apporté à l'état des lieux.

De même, lorsqu'aujourd'hui une usine a été autorisée par
l'administration, et qu'il en résulte dommage pour un voisin,
les tribunaux, qui ne peuvent ordonner la destruction de l'u-
sine, font sagement d'accorder une rente proportionnée au préjudice annuellement causé, et qui devra s'éteindre si le préjudice prend fin (2).

Ces exemples peuvent être utilement suivis dans la matière
qui nous occupe. La liquidation de l'indemnité par une rente
annuelle a ce double avantage que, si l'auteur de la dérivation abandonne son entreprise, le propriétaire du fonds traversé, reprenant son terrain, n'aura pas à la fois la chose et le
prix, et que si le propriétaire du fonds servant utilise ultérieurement les eaux à leur passage, l'indemnité cessera au moment
même où, au lieu d'être pour lui un inconvénient, le passage
de l'eau deviendra un avantage, condition que les jugements
qui liquident l'indemnité peuvent énoncer d'avance.

(1) Arrêts du Parlement de Bretagne des 10 avril 1556 et 28 août 1566, rap-
portés par Dufail, liv. 2, ch. 51 et ch. 280.

(2) Proudhon, *Du Domaine public*, n° 1138. — Arrêt de la Cour de Rouen,
du 20 mars 1843 (inéd.).

16 — Le propriétaire, au travers des fonds duquel les travaux d'aqueduc doivent être opérés, peut-il demander caution pour les dommages qui en peuvent résulter pour lui ?

Il est des cas où les travaux à exécuter pour la conduite des eaux présenteront des risques graves pour des constructions préexistantes ; par exemple, quand le nouveau canal devra en traverser un autre à l'aide d'un pont-aqueduc ou de quelque autre disposition. Les travaux hydrauliques demandent toutes sortes de ménagements, et souvent il est aussi difficile de déterminer les conséquences d'une innovation que de pourvoir à leur réparation lorsqu'elles se réalisent. Dans ces cas, la plupart des législations étrangères exigent qu'une caution soit fournie par l'auteur du nouvel œuvre, du moment que le propriétaire du fonds traversé l'exige. La loi nouvelle est muette sur ce point ; mais il nous paraît que les tribunaux trouvent, dans les principes du droit commun, tous les pouvoirs qui peuvent leur être nécessaires à cet égard, suivant l'exigence des cas.

17 — Il y a quelquefois beaucoup d'imprévu dans les conséquences possibles d'une conduite d'eau, beaucoup d'inconnues qui ne peuvent pas être dégagées dès le premier jour. Les tribunaux, en statuant sur les inconvénients qu'il sera possible de prévoir avec quelque certitude, pourront, pour les autres, ajourner leur décision jusqu'après l'achèvement des travaux de dérivation, et, même après cet achèvement, prescrire encore quelques années d'épreuve. Ces ajournements, pour arriver à régler sur des bases positives l'indemnité qui peut être due, valent sans doute mieux qu'une décision précipitée, qui court risque d'accorder trop ou pas assez.

Au moyen d'un cautionnement ordonné par provision, d'une hypothèque qui sera fournie, cette mesure se concilie avec le principe de la loi, qui veut que l'indemnité soit préalable ; car, si l'indemnité n'est pas effectivement soldée, elle existe par la condamnation qui est prononcée et par la garantie qui y est attachée.

Un arrêt de la Cour de Rouen, du 8 mars 1838, donne l'exemple d'une décision de ce genre.

Les héritiers Lafosse avaient acquis de M. Lhuillier une usine située sur un des bras de la rivière d'Eure. Par suite d'un réglement administratif, qui avait fixé sur de nouvelles bases le partage des eaux entre les divers canaux de cette rivière, le volume alimentaire de l'usine Lafosse s'était trouvé diminué notablement. On alléguait que cette usine subissait chaque année quatre à cinq mois de chômage, et les propriétaires demandaient à leur vendeur des dommages-intérêts considérables. Celui-ci répondait que les conséquences du nouveau partage réglé par l'administration, ne pourraient être appréciées d'une manière précise qu'autant que tous les travaux prescrits par l'administration auraient été terminés, et il demandait que la décision à rendre fût ajournée jusqu'après la construction d'une écluse à sas, qui, devant être substituée à une ancienne porte-marinière, empêcherait une déperdition considérable d'eau, qui s'opérait par ce pertuis au détriment des usines.

« La Cour, attendu qu'il est articulé que, par suite des travaux à faire à la porte-marinière et aux autres barrages de Folleville, le canal du Gril pourrait recouvrer le mètre cube d'eau que lui a fait perdre le règlement, et que l'usine des demandeurs reprendrait par conséquent son ancienne activité, » décida que « le capital de 30,000 fr., fixé pour l'indemnité, deviendra exigible à la fin des trois premières années qui suivront l'achèvement des travaux ci-dessus énoncés, si ces travaux parachevés n'ont pas rendu au canal du Gril un mètre d'eau, et que si, au contraire, il est incontestablement établi que ledit canal a recouvré le volume d'eau qui vient d'être déterminé, la cause du préjudice ayant alors cessé, l'indemnité s'éteindrait au profit de M. Lhuillier.»

Seulement, en ajournant ainsi la décision définitive, il ne faudrait pas, comme lors de cet arrêt, commencer par fixer le chiffre de l'indemnité, sous peine de voir la condamnation, ainsi prononcée d'avance, se trouver en définitive sans aucun rapport avec le dommage réellement encouru. Une prévision pareille est une sorte de défi jeté au hasard, et le hasard y répond à sa manière. Par exemple, dans l'affaire jugée par la Cour de Rouen, les parties revinrent après le temps d'épreuves prescrit. Cinq années s'étaient écoulées. Les travaux opérés avaient presqu'entièrement effacé les causes de chômage. Au lieu de quatre mois, il n'y avait plus que quelques jours de manque d'eau dans les années de grande sécheresse, et, pendant trois ans, il n'y avait pas eu un seul jour de chômage.

Mais, par cela seul qu'il ne pouvait pas être établi que l'usine
eût recouvré en tout temps son activité première, et parce que,
par une sorte de forfait, le premier arrêt avait fixé l'indemnité
à 30,000 fr., l'arrêt définitif déclara cette indemnité acquise, et
il s'est trouvé, à fin de compte, que, sous prétexte d'indemnité,
la justice avait gratifié le détenteur de l'usine d'un bénéfice
énorme.

Il faut donc, en pareil cas, pour ne rien hasarder à l'aven-
ture, réserver à statuer sur le tout, jusqu'après la solution de
toutes les éventualités dont il n'est pas possible de déterminer
immédiatement les conséquences, parce que la décision à intervenir doit non-seulement juger s'il y a chômage pour prononcer une condamnation quelconque, mais aussi apprécier
l'importance du dommage, afin que la condamnation soit la réparation du préjudice, aussi exacte que possible.

18 — L'indemnité payée représente la valeur du terrain occupé par l'aqueduc. Le reste de la propriété doit demeurer
intact. Si des dommages accessoires venaient à se manifester,
le propriétaire du fonds traversé ne pourrait pas être obligé à
se contenter d'une simple indemnité. Il devrait être pourvu à
ce qu'ils disparussent entièrement. Par exemple, si le canal
passe en remblai, entre deux chaussées artificielles, et que ces
chaussées, soit parce qu'elles seraient faites en mauvais matériaux, soit parce qu'elles n'auraient pas une épaisseur suffisante, donnassent lieu à des infiltrations dommageables, le
propriétaire du fonds assujetti aura droit de demander que les
travaux soient refaits de manière à prévenir tout inconvénient
de cette nature, ou, s'il n'est pas possible d'y pourvoir, que le
canal lui-même soit supprimé (1).

(1) Romagnosi, *Condotta delle acque*, part. 1, *lib.* 2, § 8.—L'ouvrage de Romagnosi doit d'autant mieux être consulté sur les questions qui se rattachent à
la loi du 29 avril 1845, que le principe de cette loi est emprunté au décret de
Napoléon, publié en Lombardie, le 20 avril 1804, et que ce décret a été soigneusement commenté par Romagnosi. — M. Nadault de Buffon indique que le
traité de Romagnosi a été publié en 1788. C'est une erreur, puisqu'on y trouve
cités non-seulement le décret de 1804, mais encore le code autrichien, publié depuis les événements de 1814, et des décisions des tribunaux italiens postérieures à
1820. La notice sur Romagnosi, qui est en tête de son Traité, n'indique pas d'ailleurs la date précise de la première publication de cet ouvrage, qui avait eu plusieurs éditions dès avant la mort de l'auteur, arrivée le 8 juin 1835.

Cette solution ne doit s'entendre que des inconvénients qui paraîtraient inhérents au mode même de la construction, et devoir se perpétuer indéfiniment; car les dommages passagers sont inévitables, et doivent être compris dans le règlement des indemnités.

19 — Le propriétaire du fonds traversé peut-il utiliser les eaux à leur passage ?

« Quelques Conseils-généraux avaient proposé d'admettre, sauf à déterminer la proportion de cette participation, les propriétaires des fonds traversés au partage des eaux, lorsqu'elles excéderaient les besoins de celui qui en a réclamé le passage, sauf à compenser cet avantage jusqu'à due concurrence avec l'indemnité qu'il aurait à payer. Ce vœu reposait sur une idée de réciprocité qui frappe au premier aperçu. En effet, quoique les dispositions de l'art. 644 du Code civil n'aient rien évidemment d'applicable aux eaux artificiellement dérivées par un propriétaire à travers l'héritage voisin pour l'irrigation de ses propriétés, on ne peut méconnaître la faveur qui s'attache au propriétaire traversé, lorsqu'il réclame lui-même, moyennant indemnité, l'excédant des eaux qu'on fait couler dans un canal qui vient sillonner sa propriété. Cependant votre Commission n'a pas pensé qu'une semblable disposition pût être admise. Il lui a paru d'abord qu'elle ne pourrait trouver d'application que dans des cas assez rares; car il est naturel de présumer qu'un propriétaire ne dérive que le volume d'eau à peu près nécessaire pour l'arrosement de ses terres; elle a été arrêtée ensuite par la difficulté de créer une sorte de communauté obligée entre le possesseur des eaux dérivées et ceux dont les héritages pourraient être traversés par les eaux. Votre Commission a surtout été frappée des contestations sans cesse renaissantes auxquelles ne pourraient manquer de donner lieu, soit la question du volume et de l'excédant des eaux, soit l'appréciation de leur valeur, soit surtout l'exercice d'un droit de partage qui aurait son principe dans la loi, au lieu d'être abandonné aux libres conventions des parties, conventions qui interviendront ordinairement quand elles seront possibles, parce qu'elles sont dans l'intérêt commun du possesseur des eaux et des propriétaires dont elles traversent le fonds (1). »

(1) Deuxième rapport de M. Dalloz.

M. Joly proposait que le propriétaire du fonds traversé pût se servir des eaux pour l'irrigation, *sans jamais en absorber plus de la moitié*; mais cet amendement fut rejeté, et avec justice, puisque c'eût été un prélèvement sur la chose d'autrui.

En doit-il être de même lorsque l'usage fait des eaux par le propriétaire du fonds servant n'altère en rien leur volume, et ne peut porter aucune atteinte à l'exercice de la servitude?

C'est un principe de droit naturel, que nous ne devons pas nous opposer à un acte utile à autrui qui ne nous porte à nous-mêmes aucun préjudice, et la loi civile consacre ce principe par cela qu'elle établit que l'intérêt est la mesure des actions. Aussi la Cour de Cassation a-t-elle jugé que le propriétaire d'un canal formant propriété privée n'avait pu s'opposer à l'exercice du puisage, du lavage et de l'abreuvage, pratiqués par un riverain dans ses eaux, attendu que ce droit de propriété ne va pas jusqu'à interdire la faculté de satisfaire aux besoins naturels de l'homme (1).

La Cour de Rouen est allée plus loin encore.

Un moulin avait été construit sur un domaine dépendant de l'abbaye d'Ouville, et il était alimenté par un canal de dérivation ayant sa prise d'eau dans la rivière de Saâne. En 1791, lors de la vente des biens du clergé, le domaine d'Ouville fut partagé. Le moulin devint la propriété d'un sieur Fréquand. Le fonds traversé par le canal de dérivation fut acheté par M. Houdeville. Un arrêté du conseil de préfecture, interprétatif de l'acte de vente, avait décidé que ce canal ne faisait pas une dépendance du moulin, du moins à titre de propriété, d'où suit qu'il traversait désormais le fonds supérieur à titre de servitude. Houdeville voulut se servir des eaux pour faire marcher une usine, soutenant que cela ne pouvait porter aucun dommage à Fréquand, puisque le volume alimentaire de son moulin restait toujours le même. Fréquand soutenait que, comme les eaux étaient soutenues jusqu'à l'orifice du canal dans la Saâne, pour former la retenue de la nouvelle usine, il pénétrait moins d'eau dans le canal, et des experts constatèrent ce fait. Mais ensuite, Houdeville ayant abaissé sa retenue et remis le cours des eaux dans ses conditions primitives, la Cour

____

(1) Cass., 13 juin 1827. S., 27, 1, 473. — V. *Traité des Cours d'eau*, n° 846.

déclara que Fréquand était mal fondé dans son opposition au nouvel établissement (1).

D'après cette jurisprudence, le propriétaire de la dérivation ne pourrait s'opposer à un usage des eaux qui ne devrait nuire en rien à l'emploi qu'il en ferait lui-même. Mais alors le profit que le propriétaire du fonds traversé ferait, à raison de l'usage des eaux, devrait être compensé, pour le tout ou pour partie, contre l'indemnité qu'il aurait à réclamer pour les inconvénients du passage.

20 — S'il arrivait que, dans le parcours du fonds traversé, les travaux de creusement du canal missent à découvert une source nouvelle, qui devrait en profiter, de l'auteur de la dérivation, ou du propriétaire du fonds servant?

Le propriétaire du fonds traversé n'est pas exproprié. Une simple servitude est établie sur son héritage. La source découverte est une portion intégrante de sa propriété : *Pars fundi videtur aqua viva*. Il n'est donc pas douteux que cette source ne peut devenir la propriété de l'auteur de la dérivation, sans le consentement du propriétaire du fonds ; et, comme celui-ci peut tirer de sa propriété tous les profits compatibles avec l'exercice de la servitude, la seule difficulté à laquelle la découverte de la source peut donner naissance consiste à trouver le moyen de l'utiliser, sans nuire à la dérivation ; et, à cet égard, les ingénieurs ne peuvent pas manquer de moyens pour isoler le produit de la source du volume alimentaire de la dérivation. Les têtes de fontaines, telles qu'on les pratique dans le Milanais, et dont M. Nadault de Buffon (2) a donné la description, pourraient être, ce nous semble, utilement employées en pareil cas.

Mais, sauf le problème d'art à résoudre pour concilier les deux intérêts qui se trouvent ici en présence, il ne nous paraît pas qu'il puisse y avoir un doute sérieux sur le droit du propriétaire du fonds traversé à jouir exclusivement de ce qui est une dépendance manifeste de sa propriété.

La loi 3, au Digeste, de *Aq. quot. et œstiv.*, porte : *Aqua quœ in rivo nascitur tacitè lucrifit ab eo qui ducit.* Il ne faudrait pas en

____

(1) Rouen, 4 février et 22 décembre 1843 (inéd.).
(2) *Traité des Irrigations*, tom 2, p. 394.

argumenter sur la question que nous examinons. Elle veut dire seulement que, quand une prise est concédée sur un ruisseau, les accroissements que peut recevoir le volume alimentaire du ruisseau profitent au concessionnaire, à condition, d'ailleurs, que son droit d'usage soit déterminé par temps et non par mesure. Cette loi ne prévoit point le cas d'une source qui naît sur le fonds servant dans l'emplacement et sur le parcours de l'aqueduc, et par cela que le propriétaire du fonds servant ne doit que le passage de l'eau dérivée, et que, pour tout le surplus, sa propriété lui demeure, on doit lui maintenir, s'il le revendique et s'il peut se concilier avec l'exercice de la servitude, l'usage exclusif d'une eau qui est sienne.

21 — La servitude d'aqueduc, une fois établie par justice, subit ensuite toutes les conditions du droit commun, soit relativement à l'usage qui en est fait, soit relativement à son extinction.

Si l'usage de l'aqueduc se restreint dans des limites plus étroites que le titre, le droit se trouve par-là même réduit à ces proportions nouvelles, pourvu, d'ailleurs, que le nouvel état de choses se prolonge pendant le temps nécessaire pour la prescription.

Si, au contraire, sans protestation de la part du propriétaire du fonds servant, l'usage s'étend par la possession, la servitude elle-même s'étend par le bénéfice de la prescription.

Le propriétaire de la dérivation ne peut rien faire qui aggrave la condition du fonds servant. C'est d'après cette règle que doivent être appréciées toutes les modifications proposées, et le propriétaire du fonds servant ne peut s'opposer aux dispositions qui, sans lui causer aucun préjudice actuel et éventuel, peuvent favoriser l'exercice de la servitude. *Quod mihi prodest, nec tibi nocet, facilè concedendum.*

Les lois romaines entrent sur cette matière dans des détails infinis. On peut les consulter, par forme d'exemples, pour la solution de quelques espèces particulières (1); mais l'application éclairée du principe posé par le Code civil doit suffire à tous les cas.

____

(1) *L.* 9, 15, 21, 22 et 26, *ff., de Servit. præd. rust.—L.* 3, §§ 5 et 6, *ff. de Aq. quotid.—L.* 3, §§ 1 et 2, *ff. de Rivis.—L.* 1, §§ 3 et 10, *ibid.—L.* 17, § 1, *ff. de Aq. pluv. arc.*

L'auteur de la dérivation ne peut introduire dans le canal un volume d'eau plus considérable que celui pour lequel la servitude a été établie. Sans doute il est dans la nature des choses que le volume d'eau dérivé subisse accidentellement, dans les temps de pluie ou de fontes de neige, certains accroissements, et le propriétaire du fonds servant ne peut se plaindre de ces circonstances (1), sauf au propriétaire de la dérivation à réparer les dommages passagers qui peuvent en résulter.

Mais, si celui-ci prétendait habituellement dériver un volume plus considérable que celui pour lequel la servitude a été constituée, ce serait une extension manifeste de la servitude qui exigerait les mêmes formalités que l'établissement primitif.

C'est le principe très-justement posé par l'art. 629 du Code sarde : « Lorsque celui qui a établi un canal sur le fonds d'autrui veut s'en servir pour y introduire une plus grande quantité d'eau, il ne pourra l'y faire venir qu'après qu'il aura été vérifié que l'aqueduc peut la contenir, et qu'on aura reconnu qu'il n'en peut résulter aucun préjudice pour le fonds servant. Si l'introduction d'une plus grande quantité d'eau exige la construction de nouveaux ouvrages, cette construction ne pourra avoir lieu que lorsqu'on aura préalablement déterminé la nature et la quantité de ces ouvrages, et qu'on aura payé la somme due pour le sol à occuper et pour les dommages. »

Dans le droit commun des servitudes, toutes les fois qu'il s'agit d'une innovation à l'état des possessions respectives, on ne peut autoriser le changement proposé qu'autant qu'il est absolument inoffensif pour le fonds servant, soit pour le présent, soit pour l'avenir. S'il doit en résulter pour lui le plus léger préjudice actuel ou éventuel, l'art. 702 du Code civil doit être strictement appliqué. Le propriétaire du fonds servant a un droit de *veto* absolu, parce qu'on ne peut changer son titre malgré lui.

Mais la loi du 29 avril 1845 a, pour ce qui concerne le droit d'aqueduc, modifié la rigueur du Code. Ce n'est plus seulement une convention écrite, ou une convention tacite résultant de la prescription, qui règle le droit ; les tribunaux peuvent imposer l'obligation, et, de même qu'ils ont pu faire la convention pri-

____

(1) *L. 3, § 3, ff. de Aq. quot. et æstiv.*

mitive, ils peuvent la modifier en cas d'avantages suffisamment démontrés.

Ainsi, suivant le Code civil, il eût suffi que les canaux servant à la conduite des eaux fussent sujets à des réparations plus fréquentes, par suite d'une augmentation dans le volume alimentaire de la dérivation, pour que cette augmentation dût être interdite, parce que ces réparations sont une surcharge pour le fonds servant, à cause du passage des ouvriers, des terrassements à faire, du dépôt des matériaux, etc. (1).

Mais aujourd'hui, s'il y a utilité évidente pour l'entreprise de dérivation, les tribunaux apprécieront, et un supplément d'indemnité pourvoira aux inconvénients nouveaux qui se manifesteraient.

De même, d'après l'art. 701 du Code civil, lorsqu'une fois l'emplacement du canal de dérivation a été fixé, il ne peut plus être arbitrairement changé par l'auteur de la dérivation. Il n'appartient qu'au propriétaire du fonds servant, exclusivement, de demander le changement de l'assignation primitive (2). Mais la conséquence du pouvoir conféré aux tribunaux, par la loi du 29 avril 1845, est que, si quelque considération de nécessité requérait le déplacement de l'aqueduc, le propriétaire de la dérivation pourrait, moyennant une indemnité nouvelle, obtenir cette faculté.

22 — Le propriétaire du fonds servant ne peut rien faire qui nuise à l'exercice de la dérivation.

A ce titre, il ne peut opérer, à une distance trop rapprochée de l'aqueduc, des tranchées, des fouilles, des canaux et autres ouvrages de cette sorte.

« Le résultat d'un pareil voisinage, dit Romagnosi (3), surtout lorsque l'un des canaux ouverts est plus profond que l'autre, est de couvrir un véritable vol, car l'eau du canal, dont le fonds est le plus élevé, aura bientôt passé chez le voisin, soit par l'effet des filtrations qui s'établissent naturellement, soit par des trous de tarière qu'on met sur le compte des taupes. »

Il est vrai que, pour le creusement d'un canal dans le voisi-

(1) Dumoulin, de Divid., part. 3, n° 351.
(2) Cass., 16 mai 1838. P. tom. 1, 1838, p. 669.
(3) Della Condotta delle acque, part. 1, lib. 2, § 5.

nage d'un autre canal, aucune servitude de distance n'est prescrite par nos lois. Dans les lois romaines, il n'y avait non plus aucune prescription expresse à cet égard. La loi des Douze-Tables, qui avait emprunté à la législation d'Athènes l'indication de certaines distances pour certaines plantations et pour certaines constructions ou pour le creusement d'une fosse, n'avait rien de spécial aux canaux de conduite pour les eaux. Romagnosi (1) a justement, critiqué l'opinion de Pecchius, qui prétendait y appliquer la solution de cette loi : *Si sepulchrum fecerit quis, quantùm profunditatis habuerit, tantùm spatii re-linquito* (2). Il prouve très-bien que ce texte ne parle que d'une fosse non destinée à recevoir des eaux, et que la règle qu'il pose, suffisante pour préserver le fonds voisin des éboulements qui peuvent résulter d'une tranchée, serait absolument sans utilité pour prévenir les infiltrations qui peuvent résulter de l'ouverture d'un canal dans le voisinage d'un autre canal.

Certaines législations ont pris soin de fixer ces distances. Romagnosi cite divers statuts italiens. Le Code sarde porte (art. 599) : « Celui qui creusera des fossés ou canaux dans sa propriété devra laisser, entre eux et le fonds voisin, une distance au moins égale à leur profondeur, à moins que les règlements locaux ne prescrivent une plus grande distance. — (Art. 600) : Cette distance se mesure depuis le bord supérieur des fossés ou canaux le plus rapproché du fonds voisin. Le bord intérieur du côté du même fonds aura un talus dont la base sera égale à la hauteur. A défaut, ce bord sera protégé par des ouvrages de soutenement. — (Art. 602) : Celui qui voudra ouvrir une source, établir des réservoirs pour la réunion des surgeons d'eau ou conduits (veines) de fontaines, des canaux ou des aqueducs, en creuser le lit, lui donner plus de largeur, en augmenter ou diminuer la pente ou en varier la forme, devra laisser telle distance convenable et exécuter tous les travaux nécessaires pour ne préjudicier ni aux fonds voisins, ni aux autres sources, réservoirs ou conduits de fontaines, canaux et aqueducs déjà existants et destinés à l'irrigation des biens ou à faire mouvoir des usines.» Et un pouvoir discrétionnaire, analogue à celui de notre article 645, est conféré aux tribunaux

---

(1) *Della Condotta delle acque, lib. 2, cap. 3, § 6.*
(2) L. 14, *ff. Finium regund.*

pour concilier autant que possible, même moyennant indemnité, les intérêts nouveaux qui tendent à se produire avec les intérêts anciens qui ont acquis l'avantage de la préoccupation.

L'art. 55 de la loi milanaise du 20 avril 1804 porte : « Il est interdit d'ouvrir des sources ou têtes de fontaines, conduits ou canaux, comme aussi d'approfondir les fouilles de cette espèce actuellement existantes dans le voisinage des rivières ou canaux, à des distances qui, d'après le jugement des experts, peuvent nuire à ces rivières ou canaux ou à leurs rives. »

Cette loi abandonne absolument aux experts la détermination de la distance à observer. Sur ce point, en effet, il est bien difficile de tracer une règle générale, puisque tout dépend de la nature plus ou moins perméable des terrains, et que, suivant la constitution naturelle du terrain, la distance à observer doit nécessairement varier.

Et quand la loi a établi une servitude de distance, la distance légale n'est indiquée que parce qu'en général il suffit qu'elle soit observée pour que les voisins n'éprouvent aucune incommodité. Mais, s'il en est autrement, si, par exemple, quoiqu'un cloaque ait été établi à la distance prescrite par l'usage, il en résulte pour le voisin des infiltrations dommageables, le propriétaire du cloaque doit prendre toutes les précautions nécessaires pour faire disparaître l'inconvénient, dût-il même supprimer le cloaque (1).

Il doit en être de même dans la matière qui nous occupe. A quelque distance du canal que creuse le propriétaire du fonds traversé, si les eaux du canal sont attirées, il porte atteinte à l'exercice de la servitude dûment établie, et dès lors son entreprise doit être réprimée.

Cette solution peut avoir des conséquences très-graves en certains cas, car il peut en résulter, surtout si le fonds traversé n'est pas d'une notable étendue et si le terrain est très-poreux, très-perméable, que le propriétaire, par cela qu'il aurait été assujetti à supporter un canal de conduite dans l'intérêt d'autrui, pourrait être privé du droit d'en avoir un dans son intérêt personnel. Il fournirait ainsi à son voisin des moyens d'amélioration, et lui-même il ne pourrait améliorer son héritage ! Posi-

(1) *Répert.* de M. Merlin, au mot *Cloaques* et au mot *Contre-mur.*

tion étrange sans doute ; mais il serait bien plus étrange encore qu'il se fût fait payer l'indemnité du passage de l'eau, et qu'il pût ensuite intercepter, soutirer à son profit la plus grande partie peut-être de cette eau.

Romagnosi soutient que l'art. 701 du Code civil n'est pas applicable en pareil cas. « Je n'ai entendu, dit-il, assujettir que telle partie de mon fonds. C'est sur l'autre partie demeurée libre que je fais une disposition nécessaire à l'aménagement de ma propriété. Si nos deux canaux sont établis au même niveau, ils seront dans des conditions d'égalité parfaite. Je ne pourrais faire le mien plus profond sans nécessité. Mais si, d'après le niveau du terrain auquel je veux conduire les eaux, il faut nécessairement que mon aqueduc soit établi plus bas que le tien, on ne peut m'imputer à faute les infiltrations qui peuvent en résulter. Je ne viole pas notre contrat, c'est toi qui le violes en prétendant m'imposer une obligation pour une partie de mon fonds que nos conventions ont laissée libre. Si nos intérêts sont en conflit, nous sommes égaux en droits. C'est donc à toi qu'il incombe de prévenir dans ton canal toute infiltration, comme j'aurais dû faire pour le mien, si j'avais été obligé de le conduire sur un plan plus élevé (1). »

Malgré ces raisons, il paraît impossible, soit que la servitude d'aqueduc ait été établie par une convention volontaire, comme le suppose Romagnosi, soit qu'elle ait été constituée par un jugement qui n'est autre chose qu'une convention judiciaire, de reconnaître à l'une des parties le droit de rendre inutile pour l'autre l'effet de la servitude. La servitude existe; il faut admettre ses conséquences essentielles. Seulement, si elle ne peut exister et se maintenir qu'en enlevant au propriétaire du fonds traversé quelques-uns des avantages éventuels qu'il pourrait, sans elle, tirer de sa propriété, il doit être récompensé de cet inconvénient par l'indemnité qui lui est due. Ainsi, lorsque, d'après la nature du terrain, il est manifeste, au moment même de l'établissement de la servitude, que l'ouverture du canal privera le propriétaire du fonds traversé d'ouvrir, sur le reste de son héritage, des canaux, ou de faire des excavations, on devra faire entrer cette considération dans l'évaluation de l'indemnité.

(1) *Della Condotta delle acque, part, 1, lib. 2, cap. 3, § 7.*

Si cet inconvénient ne se révélait que plus tard, lorsque le propriétaire du fonds traversé viendrait à faire quelque disposition nouvelle, à laquelle s'opposerait le propriétaire du canal, le premier pourrait prétendre à un supplément d'indemnité, pourvu du moins qu'il fût constant que l'indemnité primitive n'avait pas porté sur cette cause de préjudice.

23 — Le propriétaire du fonds traversé peut-il revendiquer la récolte des roseaux excrus dans le canal, et le droit d'utiliser les produits du curage considérés comme engrais ?

Il est de principe que le propriétaire du fonds servant, par cela qu'il n'a pas été exproprié, doit percevoir tous les produits utiles du fonds, pourvu que l'exercice de la servitude soit respecté. Si donc le propriétaire du fonds traversé par l'aqueduc déclare, au moment même de l'établissement de la servitude, qu'il entend prendre à sa charge les curages, il aura le droit d'en recueillir les produits utiles. Sous cette condition, le Parlement de Normandie, par arrêt du 8 avril 1701, avait autorisé les propriétaires de terrains traversés par le bief d'un moulin à profiter des curages du cours d'eau.

Mais, réciproquement, si le curage reste à la charge du propriétaire de l'aqueduc, il faut bien lui en abandonner les profits. Autrement ce serait, entre les deux propriétaires, une occasion de difficultés sans cesse renaissantes. Tout n'est pas utilisable dans les déblais des curages ; et, par suite, jamais le propriétaire de l'aqueduc ne saurait, ni s'il devrait laisser, ni ce qu'il devrait laisser sur les berges à la disposition du propriétaire du terrain ; et celui-ci, suivant son humeur, tantôt aurait à se plaindre qu'on laisse son terrain encombré, tantôt qu'on lui enlève un engrais précieux.

Le profit du curage doit donc rester lié à l'obligation de curer. Le principe absolu, que le propriétaire du fonds servant doit jouir de tous les produits de la chose, se trouve ainsi forcément modifié, et d'autant plus justement, que les herbes aquatiques et les vases qui s'amassent dans le lit des canaux, sont bien moins le produit spontané du sol que le produit et l'œuvre des eaux elles-mêmes, de ces eaux étrangères, amenées par la main d'un autre que le propriétaire du sol.

24 — Précisément parce que le droit d'aqueduc se sera établi,

non à l'aide d'une expropriation, mais par une simple servitude, il pourra disparaître par tous les moyens qui amènent l'extinction des servitudes, et le propriétaire du fonds asservi rentrera dans la pleine disposition de son fonds, sans avoir aucune restitution à opérer.

M. Dalloz faisait cette observation à la séance du 12 février 1845 : « C'est une servitude qui peut disparaître, si les eaux tarissent, si le canal vient à être abandonné, s'il tombe en désuétude. »

C'est la jurisprudence en Italie, attestée par Romagnosi (1) que si, par quelque circonstance de force majeure, l'usage de la dérivation est interrompu, et, si cette interruption se prolonge pendant plus de trente ans, le propriétaire du fonds grevé de la servitude d'aqueduc reprend la pleine et libre jouissance du terrain qu'il avait fourni pour l'établissement du canal de dérivation. Application de la règle posée par Ulpien : *Loci corpus non est dominii ipsius cui servitus debetur* (2).

25 — *Un simple usufruitier pourrait-il, à raison du fonds grevé de son droit d'usufruit, revendiquer le droit de conduite d'eau au travers de fonds appartenant à autrui?*

La loi du 29 avril 1845, en indiquant le *propriétaire* comme celui qui pourra revendiquer la faculté qu'elle confère, n'a pas entendu exclure l'usufruitier, et, si l'usufruitier peut exercer en cette partie, comme en tant d'autres, les droits de la propriété, les tiers ne pourront lui refuser cette faculté.

Or, il est de principe que, dans toutes les causes où ses intérêts se confondent avec ceux du propriétaire, l'usufruitier peut agir comme *procurator in rem suam* et même comme *procurator in rem alterius*, c'est-à-dire qu'il peut, dans son intérêt propre, ou dans l'intérêt d'une chose à laquelle un autre a des droits comme lui, exercer l'action de cet autre, comme en vertu d'un mandat exprès ou tacite ; et, précisément, parce que son intérêt personnel est engagé, et qu'ayant la garde de la chose commune, il doit avoir tous les moyens d'y pourvoir, ce mandat il le prend et l'exerce de lui-même, sans craindre ni désaveu, ni révocation.

(1) *Della Condotta delle acque, lib. 2, part. 1, § 15.*
(2) *L. 4, ff. si Servitus vind.*

En vertu de ce mandat tacite, l'usufruitier a un droit incontestable à revendiquer les servitudes actives qui appartiennent à la propriété soumise à son usufruit et « de les revendiquer par l'action propre à la chose, puisqu'elle lui appartient en jouissance, comme le surplus du fonds, et que la loi veut qu'il ait le droit d'en user comme le propriétaire lui-même (1). » Servitude légale, servitude conventionnelle, peu importe. Et, par exemple, pour le cas d'enclave d'un des fonds soumis à l'usufruit, on ne pourrait contester à l'usufruitier le droit de réclamer judiciairement un passage sur les fonds voisins.

Fructuarius causam proprietatis deteriorem facere non debet : meliorem facere potest (2). L'usufruitier peut améliorer le fonds soumis à son usufruit, et, surtout si le propriétaire garde le silence, les tiers ne pourraient pas lui dénier ce droit d'amélioration. La question de savoir s'il use en bon père de famille ou s'il abuse en amenant les eaux sur un fonds qui jusque-là n'avait pas été soumis à l'arrosage, cette question ne peut jamais être débattue qu'entre le nu-propriétaire et lui. Vis-à-vis des tiers, il use, en revendiquant la servitude légale de conduite d'eau, d'une *action propre à la chose* : il est dans son droit.

26 — La faculté de conduite d'eau n'a été accordée qu'aux *propriétaires*. Un fermier ne pourrait donc pas la revendiquer en son nom. Mais, à cet égard, il est peu regrettable que la loi nouvelle n'ait pas imité le Code sarde, qui a expressément appelé les fermiers à profiter de cette servitude : toutes les fois qu'il pourra être réellement profitable à une propriété d'y amener les eaux et d'en transformer le mode de culture, le fermier ne pourra manquer d'agir d'accord avec son propriétaire, et alors, s'il est nécessaire de procéder judiciairement, sa demande se produira sous le nom de celui-ci.

Art. 2.

Les propriétaires des fonds inférieurs devront recevoir les eaux qui s'écouleront des terrains ainsi arrosés, sauf l'indemnité qui pourra leur être due.

---

(1) Proudhon, *de l'Usufruit*, n° 1257.
(2) *L.* 13, §§ 4 et 5, *ff. de Usufructu.* — Code civil, art. 599.

Seront également exceptés de cette servitude les maisons, cours, jardins, parcs et enclos attenant aux habitations.

27 — *Comment les eaux d'égout doivent-elles être transmises au fonds inférieur ?*

28 — *Le propriétaire qui prend l'eau sur son propre fonds peut-il forcer son voisin à recevoir son égout?*

29 — *Pas d'indemnité pour le propriétaire du fonds inférieur qui utiliserait les eaux d'égout transmises à son fonds.*

30 — *Le propriétaire des eaux dérivées pourrait-il en absorber à pure perte le résidu au préjudice des propriétaires inférieurs qui demanderaient à en profiter?*

31 — *A quelles conditions le propriétaire inférieur peut acquérir la possession utile des eaux d'égout découlant du fonds supérieur.*

27 — Les canaux de vidange et d'égout doivent être autorisés au travers des fonds d'autrui, de même que les canaux de prise d'eau et de conduite, et sous les mêmes charges : amener sur son héritage les eaux nécessaires à le féconder et en faire sortir les eaux qui, par leur séjour prolongé, lui nuiraient, ce sont deux opérations corrélatives.

C'est ce qu'exprimait très-bien le vieux Papon : « Qu'ainsy soit supposé qu'un pré ne peut fructifier sans eaue, chascun saict bien aussy que, tout ainsy qu'il la faut faire fluire et conduire d'ailleurs et de plus hault, aussy, par nécessité, faut-il qu'elle vuide par le bas, sans la retenir, car tel séjour serait corruption du fruict ; et se comportent ensemble telles choses par servitudes de deux sortes : l'une de faire conduire ladicte eaue par le fonds d'autruy, dont parle Pomponius (1), l'autre est de faire couler l'eaue, après l'avoir reçue en son fonds et s'en estre servy, dont parle Ulpianus (2). »

Mais comment l'évacuation des eaux s'opérera-t-elle, et qui sera chargé des travaux nécessaires?

Sur ce point, il s'est engagé, à la Chambre des Députés,

(1) *In leg. Refect.*, § *Si per tuum*, *ff. Comm. præd.*
(2) *In l.* 1, § *Denique*, *ff. de Aq. pluv. arc.*

une discussion très-confuse. M. Dalloz a supposé qu'en se servant des eaux des petites rivières, on pourrait les rendre par des canaux de réversion ouverts sur le fonds d'autrui, moyennant indemnité ; et, par là même, tout en déclarant qu'on ne voulait pas innover à l'art. 644, il supposait une manifeste dérogation à cet article, puisque les eaux ne seraient plus rendues à leur cours, *à l'issue* même du fonds riverain, mais en traversant d'autres fonds. Bien plus, M. d'Angeville disait que les propriétaires inférieurs pourraient utiliser les eaux à leur passage, quoique non riverains eux-mêmes du cours d'eau..., ce qui serait la dilapidation des eaux au préjudice des riverains. Le rapporteur, interpellé, répondait que « le principe de l'art. 2 a été de sauvegarder tous les intérêts... Dans le plus grand nombre des cas, ajoutait-il, les eaux d'égouttement seront un bienfait qu'on recherchera ; mais il pourra arriver aussi que ces eaux d'égouttement causent un dommage au propriétaire inférieur. Eh bien ! nous avons pourvu à ce dommage en posant le principe d'une indemnité qui sera arbitrée par les tribunaux. Cette indemnité sera telle, que le propriétaire du fonds inférieur n'éprouvera aucune sorte de dommage. S'il y a nécessité pour ce propriétaire de construire un canal, on lui donnera une indemnité suffisante pour le construire. Ainsi, de deux choses l'une : ou les propriétaires inférieurs utiliseront les eaux d'égouttement, ou ils ne les utiliseront pas. S'ils ne les utilisent pas, si elles peuvent leur occasionner un dommage, l'indemnité qui leur sera allouée sera assez large pour construire un canal, si un canal est nécessaire (1). »

De tout cela, il résulte que M. le rapporteur a dit successivement qu'un canal de réversion devait être pratiqué au travers des fonds inférieurs par l'auteur de l'entreprise, et que ce canal devait être, moyennant indemnité, pratiqué par le propriétaire du fonds traversé !

Où donc le juge prendra-t-il sa règle de conduite ?

D'une part, il est impossible de supposer que la loi ait entendu assujettir le propriétaire d'un champ en labour à voir, sur toute la partie de son terrain contiguë à la prairie voisine, se déverser tous les filets d'eau qui ont parcouru la surface de cette prairie, de manière que son champ soit ainsi attaqué à la fois

____

(1) *Moniteur*, n° 45, p. 328.

par tous les points. Impossible que la loi ait entendu régler par une indemnité, une fois payée, un dommage sans cesse renouvelé, et dont l'intensité est essentiellement variable.

D'autre part, il est naturel de supposer que la loi a voulu, dans l'art. 2, accorder, pour l'égout des eaux, une faculté pareille à celle que l'art. 1er donne pour les amener, c'est-à-dire le droit d'ouvrir pour cela un canal au travers du fonds d'autrui.

Enfin, il est contre tous les principes, en matière de servitudes, d'obliger le propriétaire du fonds servant à faire des travaux quelconques. *Servitutum non ea natura est ut aliquid faciat quis, sed ut aliquid non faciat aut patiatur.* On ne peut donc pas mettre à la charge du propriétaire inférieur le canal à faire pour l'évacuation des eaux, d'autant moins que, s'il n'est pas lui-même riverain du cours d'eau dans lequel les eaux doivent être rejetées, il faudrait qu'il traitât à son tour avec le propriétaire intermédiaire pour le passage du canal. — L'auteur de la dérivation doit supporter exclusivement, et jusqu'à leur dernier terme, toutes les conséquences de l'entreprise (1).

Les auteurs de la loi ont bien prévu que l'obligation de recevoir les eaux d'égout pouvait ne pas s'arrêter au propriétaire du fonds immédiatement contigu à la prairie arrosée ; mais que ces eaux pouvaient atteindre les fonds inférieurs subséquents ; et voilà pourquoi le pluriel a été substitué au singulier dans la rédaction définitive de l'art. 2, qui ne parlait d'abord que du *propriétaire inférieur*.

Il faut donc décider que celui qui soumet son fonds à l'irrigation doit lui-même, à l'extrémité la plus basse, recueillir, dans un canal ouvert sur sa prairie, les eaux d'égout, de manière à prévenir toute infiltration préjudiciable au voisin, sauf à les transmettre ensuite ainsi réunies dans un canal ouvert à ses frais, et moyennant dédommagement, au travers des fonds inférieurs, jusqu'au retour de ces eaux à la mère-rivière ou jusqu'à leur entière absorption.

28 — Un propriétaire dont la prise d'eau est établie sur son propre fonds, et qui n'a pas besoin pour amener l'eau chez lui de la

______

(1) « Si, pour donner issue aux eaux, il est nécessaire d'ouvrir des fossés et des canaux, le propriétaire du fonds dominant est obligé à les construire, à les entretenir et à les curer, afin de diminuer les inconvénients qui peuvent en résulter pour le fonds servant.» Code autrichien, § 491.

faire passer au travers du fonds d'autrui, peut-il, pour aménager sa prairie, obtenir la faculté d'établir un canal d'égout sur les fonds voisins ?

A ne considérer que l'esprit de la loi du 29 avril 1845, une telle nécessité rentre évidemment dans son objet ; et, pourtant, si on voulait appliquer l'art. 2 à la lettre, en épelant chacune de ses syllabes, on pourrait dire que la faculté d'égout au travers des fonds d'autrui n'a été concédée que corrélativement à la faculté d'amener les eaux de la même manière : « Les propriétaires des fonds inférieurs devront recevoir les eaux qui s'écouleront des terrains *ainsi* arrosés. »

Mais, en vérité, une telle interprétation afficherait un respect trop servile pour *la lettre qui tue*. Il n'y a aucune corrélation nécessaire entre amener les eaux et les rendre. Celui qui les a conduites sur son héritage peut les y absorber, puisqu'elles lui appartiennent. Il peut, s'il lui reste un superflu, avoir les moyens d'en disposer, d'en assurer la réversion dans un cours d'eau ou dans un étang. En un mot, la nécessité d'amener l'eau au travers des fonds d'autrui ne suppose pas absolument le besoin de la rendre au travers d'autres fonds appartenant aussi à autrui, tandis que l'emploi des eaux à l'irrigation suppose absolument la nécessité d'égouter les terrains arrosés. L'herbe est d'autant plus épaisse, d'autant meilleure, d'autant mieux purgée de tout mélange de roseaux et de plantes bulbeuses, que l'eau d'arrosage sera descendue des faîtes pour se répandre, sur les pentes de la prairie, en filets plus rapides, plus divisés, de manière à imprégner toute la surface sans séjourner nulle part, et qu'après l'arrosage elle aura complétement abandonné les rigoles d'égout, de manière qu'aucune infiltration permanente ne pénètre le fond du sol.

La grande nécessité de l'arrosage, c'est un égout prompt et complet. C'est là la condition constitutive de la prairie ; et ce sont les moyens de constituer des prairies que la loi a voulu donner.

Qu'importe où je puis établir ma tête de prise d'eau : que ce soit sur le fonds d'un voisin ou sur ma propriété. Celui à qui je demande passage pour les eaux qui submergeraient mon fonds au lieu de l'arroser n'a qu'une chose à débattre avec moi, à savoir si j'ai en effet besoin d'issues sur son fonds pour assurer à mon terrain un arrosage convenable, pour en faire une prairie et non pas un marais.

Lorsque le propriétaire, qui, pour amener les eaux chez lui et pour les évacuer, a besoin d'assujettir à la fois et les propriétés supérieures et les propriétés inférieures, a obtenu de la loi cette double faculté, celui qui n'a besoin d'emprunter à ses voisins que les moyens d'égouter son fonds, celui qui demande à ses voisins moins de sacrifices, moins de secours à la puissance publique, pourrait-il être, par cela même, moins favorablement traité?

Il nous paraît manifeste que, dans cette position, la seule interprétation légitime de la loi, c'est la maxime: *Ubi eadem ratio, idem jus dicendum.*

29 — Lorsque le propriétaire inférieur utilise les eaux d'égout, il n'a évidemment aucune indemnité à prétendre pour le passage de ces eaux sur son fonds, ou, du moins, il y a lieu de compenser jusqu'à concurrence l'avantage que procure l'usage de l'eau avec les inconvénients qui résultent de son passage.

Mais il pourra arriver qu'au moment des travaux d'établissement de la dérivation, il soit encore incertain si le propriétaire inférieur utilisera les eaux, soit parce qu'il lui conviendra mieux, ne fût-ce que provisoirement, de conserver l'ancien mode de culture de son héritage, soit parce qu'il voudra dissimuler ses projets ultérieurs de disposition, afin de se faire payer d'abord une indemnité pour une prétendue cause de dommage qu'il saura convertir plus tard en un moyen de bénéfice. Dans ce cas, les tribunaux devront n'accorder l'indemnité que par annuités ou par forme provisoire, en indiquant qu'elle cesserait dans le cas où l'indemnitaire viendrait à utiliser lui-même les eaux.

30 — Le propriétaire des eaux dérivées pourrait-il en absorber à pure perte le résidu, au préjudice des fonds inférieurs?

Dans l'état actuel de notre législation, ce droit d'absolue disposition n'est pas douteux. C'est ainsi que le propriétaire d'une source peut en conduire les eaux dans des puits absorbants et l'étouffer au préjudice de ses voisins (1).

L'art. 560 du Code sarde pose un principe plus libéral. « Tout propriétaire ou possesseur d'eaux peut en user à sa volonté,

____

(1) *Traité des Cours d'eau,* n° 765.

et même en disposer en faveur d'autres personnes, s'il n'y a titre ou prescription contraire. Mais, après s'en être servi, il ne peut détourner ces eaux de manière à en occasionner la perte, au préjudice des autres fonds qui seraient à même d'en profiter sans donner lieu à aucun engorgement, ni causer d'autres dommages aux usagers supérieurs. Celui qui voudra tirer avantage de ces eaux en devra payer la valeur, soit qu'il s'agisse d'une source existant dans le fonds supérieur, ou de toute autre eau qui y aurait été introduite à la suite d'une concession. »

La loi nouvelle aurait sagement fait de s'approprier cette disposition. Les conventions ne suffisent pas toujours pour réaliser tout le bien possible. Souvent il est arrivé et il arrivera souvent encore, dans l'état d'antagonisme où nous vivons, qu'un propriétaire mette à si haut prix ce dont il pourrait faire profiter son voisin, que celui-ci n'y peut atteindre, ou que, par pure méchanceté, il aime mieux ne tirer aucun parti d'une chose que d'en faire pour quelqu'autre un instrument de prospérité. La loi doit intervenir alors pour amener une solution qui fasse à chacun une part équitable, et qui empêche, dans l'intérêt public, qu'une force qui pourrait devenir productive reste inerte et perdue pour tous.

31 — A quelles conditions le propriétaire inférieur peut-il acquérir la possession utile des eaux d'égout découlant du fonds supérieur?

Amener les eaux sur mon fonds, les y absorber en totalité ou en laisser couler une portion sur le fonds inférieur, c'est pour moi un droit de pure faculté. L'aménagement qu'il m'a plu de suivre, fût-ce pendant plus de trente ans, je peux le changer à mon gré. Le propriétaire inférieur, en possession de recueillir la portion d'eau que je n'absorbais pas, n'a pas pu par là gagner un droit contre mon droit. Il a joui, au jour le jour, de ce dont il me plaisait de lui laisser la jouissance, sous la réserve tacite de ne plus rien lui transmettre du moment qu'il me conviendrait d'en agir autrement. Sa possession est donc essentiellement précaire.

In actibus qui dependent à liberâ facultate unius qui potest facere vel non, et certum modum servare vel non, abstinentia vel observantia certi et determinati modi, quantùmcumque diuturna,

*non censetur implicare contrarium usum, nec inducit desuetudi-
nem nec præscriptionem ad alium modum utendi* (1).

Si donc la possession du propriétaire inférieur est uniquement fondée sur le fait d'avoir reçu l'écoulement des eaux superflues rejetées par le fonds supérieur, cette possession, quelque temps qu'elle ait duré, n'est attributive d'aucun droit. *Scolatica nunquàm præscribuntur, etiamsi per mille annos ad loca inferiora fluant* (2).

Pour obtenir une possession qui puisse servir de base à la prescription, il faut que le propriétaire inférieur ait fait, pour favoriser l'écoulement des eaux chez lui, des travaux qui, constituant une véritable main-mise sur ces eaux, à l'encontre du droit de disposition qui appartient au propriétaire supérieur, aient, d'une part, annoncé son intention d'acquérir un droit précis, et, de l'autre, permis de supposer au propriétaire supérieur l'intention de laisser modifier son propre droit. Pour cela, il faut que ces travaux aient été faits sur le fonds supérieur, et qu'ils aient pour objet évident de faciliter la chute et le cours de l'eau dans la propriété inférieure. En un mot, une possession utile ne peut à cet égard s'appuyer que sur les conditions établies, pour une position identique, par l'art. 642 du Code civil.

La Cour de Cassation a fait l'application de ces principes dans un arrêt du 20 mars 1827 (3), et les nouveaux éditeurs de Dubreuil citent deux arrêts conformes de la cour d'Aix (4).

Art. 3.

La même faculté de passage sur les fonds intermédiaires pourra être accordée au propriétaire d'un terrain submergé en tout ou en partie, à l'effet de procurer aux eaux nuisibles leur écoulement.

32 — *Lorsqu'un fonds est inondé par suite des travaux opérés
pour la conduite des eaux, à qui incombe-t-il de procurer l'écoulement des eaux d'égout?*

----

(1) Dumoulin, *in Cons. Paris., art.* 1, *gl.* 4, *n*° 15, *et in Cons.* 69 *Alexandri.*
(2) Cœpolla, *de Servit., tract.* 2, *cap.* 4, *n*° 60.
(3) Rapporté à sa date dans la dernière édition du *Journal du Palais.*
(4) *Analyse de la législation sur les eaux,* tom. 1, p. 242.

32 — L'article ci-dessus ne figurait pas dans le projet de la Commission. Il a été improvisé à la tribune de la Chambre des Députés, par voie d'amendement, et admis malgré l'opposition du rapporteur de la Commission.

Voici comment l'un des auteurs de l'amendement justifiait sa proposition :

« L'objet de la proposition principale étant de détourner l'eau de son cours naturel pour la répandre sur des terrains avoisinants, et même sur des terrains assez éloignés, il résultera de là des améliorations, cela n'est pas douteux ; mais il peut en résulter aussi des inconvénients. Ce qu'il y a de moins prévu dans la loi, c'est assurément ce qu'on fera des eaux quand elles sortiront du sol auquel on les destine. Eh bien ! il est fort possible que, dans le cours de ces eaux, il s'opère des infiltrations naturelles... Les retenues d'eau pour les usines occasionnent de nombreuses infiltrations qui gâtent beaucoup de prairies avoisinantes. Entre la couche perméable et imperméable de la terre, il arrive toujours un point d'où l'eau sort. L'article additionnel s'accorde donc parfaitement avec la loi, car il viendra de suite au secours des inconvénients que la loi va présenter par ces mêmes infiltrations. »

Si l'on voulait, dans l'application, se régler sur cet exposé de motifs, l'art. 3 de la loi serait en opposition avec l'art. 2, et pourtant quel meilleur guide, en apparence, pour connaître la portée d'une loi, que de consulter la pensée même qui l'a dictée à son auteur et le commentaire que celui-ci a pris soin d'en donner? C'est un nouvel exemple de la préférence qui, bien souvent, dans l'interprétation de nos lois nouvelles, doit être accordée aux règles juridiques d'interprétation, sur les documents mêmes empruntés aux discussions des Chambres.

Nous venons de voir, en examinant l'art. 2, que l'auteur de la dérivation doit répondre de toutes les conséquences du nouveau cours qu'il a donné aux eaux, et assurer l'écoulement des eaux d'égout au travers de tous les fonds inférieurs. Eh bien ! si l'on en croyait les paroles de l'auteur de l'art. 3, cet article aurait eu pour objet de *venir au secours des inconvénients que l'exécution de la loi présenterait par suite des infiltrations résultant du détournement des eaux*, de telle sorte que le propriétaire d'un terrain, submergé par ces infiltrations, devrait se pourvoir de son chef et à ses frais, pour procurer aux eaux qui lui sont nuisibles leur écoulement ! L'auteur de la dérivation jouirait de ses avantages, et le propriétaire dont il submergerait les fonds n'aurait que le choix entre laisser son héritage sous les eaux, ou payer les frais nécessaires pour un canal d'égout ! C'était comprendre étrangement l'article 2 que de croire qu'il était nécessaire de lui donner cette disposition corrélative pour en corriger les inconvénients.

M. Levavasseur, co-auteur de l'amendement, l'avait appuyé sur d'autres considérations. Au lieu d'essayer de le rattacher plus ou moins directement à la proposition principale, il avouait hautement l'intention de pourvoir à d'autres inconvénients qu'à ceux qui pouvaient résulter d'une dérivation, à des inondations résultant de toutes autres causes.

« Je ne parle pas, disait-il (1), des grands desséchements à faire dans un grand intérêt public, mais des desséchements partiels, accidentels, auxquels auraient besoin d'avoir recours beaucoup de propriétaires. En effet, il n'y a pas de vallée où les propriétaires de moulins ne fassent infiltrer ou refluer les eaux dans les prairies voisines, et ne leur causent ainsi quelque dommage. Souvent même, les infiltrations se répandent dans les terres ensemencées, et la récolte se trouve perdue. Ce n'est pas là un inconvénient accidentel ; il est de tous les jours et se manifeste en beaucoup de lieux. Souvent encore, des sources prennent naissance dans des fonds trop bas pour que l'eau ait un écoulement naturel ; et alors, les prairies infectées de jonc ne sont bonnes, ni pour le fauchage, ni pour l'élève des bestiaux. De la vallée, remontons dans la plaine, et là aussi nous trouverons des terrains inondés par les eaux pluviales, des

______

(1) *Moniteur*, n° 45, p. 329, col. 1.

récoltes perdues, parce que le propriétaire du fonds ne peut faire, sur celui de son voisin, un travail d'art qui lui permette d'écouler les eaux. Si le principe consacré pour l'irrigation est utile, celui du desséchement ne l'est donc pas moins, et au point de vue agricole, et à celui de l'hygiène publique.

» Consentir, d'une part, à grever la propriété d'une servitude en faveur des irrigations ; et, de l'autre, ne pas pourvoir à ce que les eaux nuisibles, soit à l'agriculture, soit à la santé publique, puissent recevoir un écoulement facile , c'est faire une œuvre incomplète, c'est négliger la moitié de votre tâche, c'est ne donner à l'agriculture qu'une partie du bienfait qui peut résulter pour elle de la servitude que vous imposez à la propriété dans un grand intérêt public, celui de la prospérité agricole, qui est elle-même la source de toutes les autres prospérités. Il faut donc que la même loi, si vous voulez qu'elle ait une large application, si vous voulez qu'elle satisfasse aux besoins des diverses zones de la France, donne, tout à la fois, le moyen d'arroser et de dessécher les prés et les terres de labour qui sont condamnés à la stérilité faute d'un travail d'art souvent facile, faute d'une servitude qui ne peut être imposée au voisin. En adoptant mon amendement, la Chambre aura atteint un double but, et satisfait non-seulement aux intérêts du Midi, mais à ceux de la France entière. »

Sous ce rapport, il est vrai, l'article proposé ne se rattachait plus à l'objet de la loi nouvelle; mais qu'importe? puisqu'il était utile. C'est à cette considération qu'il a été adopté par les Chambres.

« Ni dans la proposition de M. le comte d'Angeville, dit le rapport de M. Passy à la Chambre des Pairs, ni dans le travail de la Commission à la Chambre des Députés, ne figurait originairement la disposition qui forme l'art. 3 du projet de loi ; c'est à titre d'amendement qu'elle y a obtenu place, et avec beaucoup de raison, à notre avis. Si quelque chose, en effet, peut sembler étrange, c'est qu'une telle disposition n'existât pas dans notre législation. Rendre à la culture des terrains submergés, ce n'est pas seulement élargir les superficies où se produit la richesse territoriale, c'est aussi assainir le sol, et tarir, dans leurs sources, des maladies sous le poids desquelles succombent annuellement de malheureuses populations. Assurément, il serait difficile d'imaginer une œuvre plus utile, et que réclame plus impérieusement l'intérêt public. »

33 — A la Chambre des Députés, on reprochait à cet article de faire double emploi avec les lois sur le desséchement des marais ; mais c'était à tort. Chaque loi aura sa sphère d'action particulière. Les lois sur le desséchement des marais ont surtout pour objet d'amener forcément les propriétaires des terrains qui doivent profiter d'un desséchement à concourir aux frais des travaux, ou à abandonner leurs fonds à l'État ou à ses concessionnaires (1). La loi nouvelle, au contraire, restreint son application au cas où il s'agit d'un héritage que son propriétaire peut, isolément et avec le seul secours de ses ressources privées, soustraire aux eaux.

34 — L'auteur de l'amendement a cité, par forme d'exemple des cas de submersion d'un terrain, les infiltrations qui résultent de la retenue des usines. Ce n'est pas à dire qu'en construisant les usines, on ait droit de relever le niveau des eaux, a tel point que les terres riveraines soient privées d'égout et converties en marécages. L'administration, en fixant le niveau superficiel de la retenue, doit pourvoir à ce que les terres riveraines ne souffrent aucun dommage (2).

Même pour les usines anciennes, s'il résultait de l'excessive retenue des eaux quelques-uns des inconvénients signalés dans le rapport de M. Passy, l'administration devrait intervenir pour ramener les eaux au niveau qu'elles n'auraient jamais dû excéder.

Mais, s'il n'y avait dommage que pour un fonds riverain, si ce fonds avait jadis été dans la même main que l'usine, si le propriétaire avait consenti, soit expressément, soit tacitement, au niveau donné aux eaux, s'il avait été indemnisé..., dans ces cas et autres semblables, l'administration ne devrait pas intervenir pour renverser des possessions acquises et consacrées, et le propriétaire pourrait user du bénéfice de la loi nouvelle pour procurer l'égouttement de son fonds.

La loi nouvelle n'a été faite qu'en vue de l'industrie agricole. Cela a été répété à chaque mot de la discussion ; mais, grâce à l'art. 3, les propriétaires d'usines pourront tenter d'en attirer à eux le bénéfice. Ainsi, dans la création d'une usine nouvelle,

(1) V. la loi du 16 septembre 1807.
(2) V. le *Traité des Cours d'eau*, n° 633.

on gonflera les eaux, entre deux digues très-élevées, au-dessus du niveau des prairies, afin de procurer une chute plus élevée. Par suite, les prairies, privées d'égout et recevant d'ailleurs les infiltrations du bief, seront bientôt converties en marécages, et les propriétaires viendront, d'accord ou non avec l'usinier, demander le droit d'ouvrir un canal sur les fonds inférieurs pour l'écoulement des eaux.

Le pouvoir discrétionnaire des tribunaux aura souvent à s'exercer dans ce cas. Si les prairies submergées appartiennent au propriétaire de l'usine, il est évident qu'ils devront le renvoyer à appliquer sur lui-même le remède du mal qu'il se sera causé. Mais, lors même que les prairies submergées seraient dans d'autres mains que l'usine, il devra arriver le plus souvent que, faute d'avoir réclamé contre le niveau proposé pour la retenue lors des enquêtes *de commodo*, ou parce qu'ils auront traité avec l'usinier, ou parce qu'ils peuvent encore réclamer utilement contre lui (1), et l'amener forcément à réduire sa retenue, la demande des propriétaires de prairies contre leurs autres voisins devra être déclarée non recevable.

Il ne faut pas que, par voie indirecte, on arrive à constituer au profit des propriétaires d'usines une servitude qui, quoiqu'elle ne s'exerce que moyennant indemnité, peut néanmoins devenir fort onéreuse et qui n'a été instituée qu'en faveur de l'agriculture.

35 — L'art. 640 du Code civil porte : « Les fonds supérieurs sont assujettis envers ceux qui sont plus élevés à recevoir les eaux qui en découlent naturellement, sans que la main de l'homme y ait contribué. — Le propriétaire inférieur ne peut point élever de digue qui y empêche cet écoulement. — Le propriétaire supérieur ne peut rien faire qui aggrave la servitude du fonds inférieur. »

La loi nouvelle laisse subsister dans son entier les obligations résultant de la situation des lieux, et jamais le propriétaire inférieur ne pourra se prévaloir de la disposition ci-dessus pour obliger le propriétaire supérieur à acheter, moyennant finance, les moyens d'écoulement qu'il lui doit, d'après la condition des héritages respectifs. La servitude légale, instituée par notre ar-

____
(1) V. le *Traité des Cours d'eau*, n° 640.

ticle, ne peut pas être confondue avec la servitude naturelle consacrée par le Code civil.

Il suffit qu'entre deux héritages, il soit constaté que l'un est plus élevé, et l'autre plus bas, pour que le propriétaire du terrain inférieur doive recevoir les eaux arrivées naturellement sur le terrain supérieur. La seule difficulté, en pareil cas, consiste à reconnaître la pente naturelle, ou du moins la pente ancienne du terrain, car, en cette matière, la possession consacrée par la prescription vaut de titre. *Vetustas pro titulo habetur.* On ne saurait remonter au déluge pour retrouver la pente primitive des terres, et après les bouleversements que la culture a fait subir aux fonds, il serait souvent impossible de retrouver cette pente. Il faut donc prendre pour base l'état des lieux tel qu'il a existé pendant le temps nécessaire pour prescrire (1), parce que cette longue durée est le meilleur témoignage du consentement commun qui l'a consacré.

« Dans toutes les matières, il suffit qu'une chose existe dans un certain état depuis plus de trente ans, pour qu'elle soit présumée de droit avoir toujours existé dans le même état (2). »

Mais si la prescription de trente ans empêche le propriétaire inférieur qui a reçu les eaux de réclamer contre le cours qui s'est établi et consolidé pendant ce temps, il ne s'ensuit pas que, si, pendant le même espace de temps, le propriétaire supérieur s'est abstenu de lui transmettre les eaux, la servitude naturelle se sera éteinte à son profit.

La possession règle la servitude passive ; mais le non-usage n'éteint pas la servitude active.

Ainsi, quand même, pendant plus de trente ans, le propriétaire supérieur aurait retenu ou absorbé chez lui les eaux pluviales, quand même il aurait laissé son terrain à l'état de marécage, il n'en resterait pas moins maître d'en changer ultérieurement la condition, en dirigeant les eaux vers le terrain inférieur, pourvu que cet écoulement ne fût pas, par le mode adopté pour y parvenir, rendu plus dommageable qu'il ne devrait l'être naturellement.

La servitude active, conférée au propriétaire du fonds supé-

---

(1) *L.* 2 et *l. ult., ff. de Aq. et aq. pluv. arc.*—Cœpolla, *de Servit., tract.* 2, *cap.* 5, *n°* 3. — Pardessus, *des Servit.,* n° 84.

(2) Merlin, *Répert.,* au mot *Usage (droits d'),* sect. 2, § 5, art. 1.

rieur par l'art. 640 du Code civil, est, en effet, pour lui un droit de pure faculté dont il peut user ou ne pas user suivant sa convenance. Il ne peut le perdre par non-usage, car c'est précisément un des attributs d'un droit dérivé de la loi de se soutenir par sa seule force, soit qu'on l'exerce, soit qu'on ne l'exerce pas.

Ne pas user de mon droit est une partie de mon droit, et, comme le dit très-bien Despeisses, « il ne serait pas juste que l'effet de ma liberté m'apportât une servitude. »

La prescription ne pourrait donc commencer à courir, au profit du propriétaire inférieur, que du jour où il aurait fait quelque ouvrage contraire à la servitude, ou quelque acte tendant à en dénier l'exercice éventuel.

36 — Par un arrêt rendu le 26 juin 1751, le Parlement de Paris a jugé que, lorsque, dans une pièce de terre, il se trouve un ravin, rigole ou ruisseau qui sert à l'écoulement des eaux pluviales, il n'est pas permis au propriétaire ni au possesseur de cette pièce de détourner le ravin ou ruisseau, pour le transporter ailleurs sur la même pièce de terre, à moins que le changement ne puisse se faire sans que les héritages voisins souffrent de l'inondation (1).

Un arrêt de la Cour de Rouen, du 3 juillet 1843, a consacré les mêmes principes (2).

Celui dont le terrain est dégagé des eaux par un tel moyen ne pourra jamais être obligé à payer indemnité au propriétaire inférieur, quand même le ravin ou les autres moyens d'écoulement se seraient accidentellement encombrés.

Il est vrai qu'il ne pourrait obliger le propriétaire inférieur à faire disparaître l'encombrement; c'est à celui à qui une servitude est due, qu'il incombe de faire tous les travaux nécessaires pour en user.

Mais aussi le propriétaire inférieur ne pourrait pas refuser l'entrée de son fonds pour rétablir le cours des eaux, et il ne pourrait réclamer d'indemnité que si, par l'exécution des travaux, quelque préjudice digne de considération lui avait été causé (3).

(1) Denizart, au mot *Laboureur*, n° 14.
(2) Rapporté dans notre *Traité des Cours d'eau*, 3ᵉ édit., n° 698.
(3) *L. 2, § 1, ff. de Aq. et q. pluv. arc.* — Merlin, *Répert.*, au mot *Eaux pluviales*, n° 3. — Pardessus, *des Servitudes*, 8ᵉ édit., tom. 2, *ad calcem*, note B.

37 — Le propriétaire inférieur ne pourrait pas réclamer d'indemnité parce que le propriétaire supérieur, en disposant son fonds pour la culture, changerait quelque chose au mode d'écoulement. M. Pardessus, qui donne cette solution, dit très-bien que la culture est l'*état naturel* des fonds (1). Par suite, c'est une obligation du voisinage de tolérer réciproquement ce qu'exigent les nécessités agricoles. Mais aussi il n'y a d'excuse que pour ce que la nécessité justifie effectivement. « Le possesseur du champ inférieur ne peut pas se plaindre des sillons que le possesseur du champ supérieur y fait, lorsque ces sillons ne sont que des sillons ordinaires, qui sont nécessaires pour le labour de son champ. Mais il ne peut les faire ni plus profonds ni plus en pente qu'il n'est nécessaire, quoiqu'en les faisant de cette manière, il améliore son fonds, car il ne peut pas l'améliorer au préjudice du voisin : *Sic enim debere quem meliorem agrum suum facere ne vicini deteriorem faciat* (2). »

Lorsque les sillons sont en sens inverse de la déclivité du terrain, on ouvre, après les labours, avec le soc de la charrue, quelques rigoles qui traversent les sillons et en reçoivent l'égout. Ces rigoles portent l'eau suivant l'inflexion de la pente générale des terres : cela suffit pour que le propriétaire inférieur ne puisse se plaindre, quoique pourtant l'eau lui arrive ainsi comme par autant de petits ruisseaux, au lieu de lui arriver en nappe découlant de toute la surface du terrain supérieur. Bien que cette disposition soit l'œuvre de la main de l'homme, tant qu'on ne peut pas dire qu'il y ait affectation évidente et dommage facilement évitable par toute autre disposition, on ne peut pas dire qu'il y ait contravention à l'art. 640. Il faut surtout considérer en pareil cas les usages agricoles du pays. C'est ce que la Cour de Rouen a décidé (3); et, à l'appui de cette décision, on peut citer l'autorité de Cæpolla, qui, après avoir posé le principe qu'on ne doit rien changer au cours accoutumé des eaux, ajoute comme restriction à cette règle :

---

(1) Pardessus, *des Servitudes*, n° 86.—*Adde, l.* 1, §§ 3, 4, 5, 7, 8, 9, 15; *l.* 2, § 2; *l.* 24, *in princ .,de Aq et aq.*— Cæpolla, *de Servit.*, tract. 2, cap. 4, n° 82.—Coquille sur *Nivernais*, ch. 10, art. 1.

(2) Pothier, *du Contrat de société*, n° 236.

(3) Arrêt du 7 mars 1845, *Durand* (inéd.).

*Nisi vertetur maxima utilitas ducentis et modicum incommodum
alterius* (1).

38 — Un membre de la Chambre des Députés avait proposé
la disposition suivante :

« Celui dont la propriété borde une eau courante, et qui a
le droit de s'en servir pour l'irrigation de ses propriétés, pourra,
dans le but d'établir ses barrages et d'élever les eaux, obtenir la servitude d'appui sur la rive opposée, si elle ne lui appartient pas, à la charge également d'une juste et préalable indemnité. »

« Quatre-vingt-dix-neuf fois sur cent, disait l'auteur de cette
disposition, les cours d'eau ne sont pas au niveau des propriétés riveraines. Ils sont un peu au-dessous. Il faut donc que le
propriétaire puisse élever les eaux au niveau de sa propriété
pour se procurer le bénéfice de l'irrigation... Le droit d'appui
sera à peu près le seul moyen d'irrigation applicable aux riverains des cours d'eau non navigables ni flottables.

» Ce droit que je propose d'établir comme complément de la
loi n'est pas nouveau. Il existe chez la plupart des peuples voisins ; et, partout où la servitude de passage que vous venez de
constituer est reconnue, partout aussi le droit d'appui lui sert
de corollaire : il est comme une de ses principales dépendances.
Ainsi, en Lombardie, en Savoie, en Prusse, dans le grand-duché
de Hesse, dans tous les pays où la servitude de passage existe,
le droit d'appui existe également.

» Bien plus, ce droit d'appui avait été compris dans le projet de Code rural qui, malheureusement, n'est pas devenu loi.
Il en formait l'art. 61. Cette pensée de compléter votre loi par
le droit d'appui est si naturelle, qu'elle est venue à un grand
nombre de Conseils-généraux. Ces Conseils-généraux, consultés sur la faculté de faire passer les eaux sur la propriété d'autrui, ont répondu en demandant qu'on y ajoutât le droit d'appui. Il est vrai que tous n'ont pas fait cette réponse ; mais c'est
que la question ne leur a pas été posée... Il est si vrai que cet
amendement se présente tout naturellement à l'esprit, que,
dans la Commission spécialement nommée par le Gouvernement
pour étudier la question, il a obtenu l'assentiment de huit
membres sur douze.

(1) *De Servit., tract.* 2, *cap.* 4, n° 49.

» Quelles sont les objections? Dira-t-on qu'il viole le droit de propriété? Évidemment il le viole bien moins que le droit de passage pour les eaux; car il est bien plus fâcheux et bien plus cruel pour le propriétaire d'ouvrir sa propriété à un canal et de la voir traverser par ce canal que de permettre à un voisin d'appuyer un barrage contre son bord.

» Faites la loi aussi efficace que vous le pourrez... Ne faites pas une loi qui aurait des avantages, mais qui serait inefficace pour la plus grande portion du royaume et pour la plus grande partie des propriétés. Si vous voulez qu'elle ait quelque portée, qu'elle ne soit pas uniquement un embarras de plus dans le chaos de nos lois, ajoutez-y le droit fondamental que je propose, qui seul peut rendre efficace celui que vous venez de voter. »

Ces raisons paraissaient décisives.

M. Dalloz, en avouant la sympathie de la Commission pour cet amendement, le combattit par plusieurs raisons, de celles qu'au Palais on appelle des fins de non-recevoir. « Le droit de barrage se rattache plus naturellement à la loi sur l'endiguement des rivières... Les Conseils-généraux n'ont pas été consultés... La servitude de barrage serait une concession nouvelle demandée à la propriété, et qui pourrait compromettre le sort de la proposition principale... (1). »

Et l'amendement fut rejeté. Décision regrettable, car le droit d'appui sur la rive opposée eût été un moyen d'amener de nouvelles irrigations moins dispendieux, plus immédiatement à la portée de beaucoup de petits propriétaires, que le droit d'aqueduc! Il eût rendu la loi profitable aux riverains des cours d'eau non navigables, tandis qu'elle ne leur offre qu'une faculté à peu près sans réalisation possible dans la pratique (2).

---

(1) *Moniteur*, n°45, p. 328.

(2) Le congrès agricole, dans sa session du mois de mai 1845, séances des 14 et 15 mai, a émis le vœu qu'une loi soit proposée pour l'établissement de la servitude d'appui. — On a fait cependant une objection contre la consécration de cette servitude. C'est que si les propriétaires supérieurs avaient ce droit, ils pourraient intercepter les eaux au détriment des propriétaires inférieurs... Objection étrange qui, pour prévenir plus sûrement l'abus, dénie au droit tous moyens d'action. Les propriétaires inférieurs pourraient-ils donc s'opposer à ce qu'un riverain obtint du consentement du riverain opposé le droit de barrage? Et, si des conventions privées peuvent légitimer cet établissement, pourquoi des jugements ne le pourraient-ils pas? Par la force des choses et du droit commun, les propriétaires

Il est vrai que M. Pardessus (1) professe qu'un riverain aurait la faculté d'appuyer momentanément, sur la rive opposée, des bois ou d'autres matières servant à retenir les eaux, afin qu'elles puissent s'élever à la hauteur nécessaire pour arroser son héritage; car, dans un grand nombre de circonstances, dit-il, le droit d'irrigation ne peut s'exercer autrement. Proudhon (2) émet la même opinion, et il va plus loin encore, puisqu'au lieu d'un barrage momentané, il permet l'établissement d'une écluse portant à demeure sur le fonds du riverain opposé, et cela en vertu de l'art. 697 du Code civil, qui autorise celui à qui une servitude est due à faire tous les ouvrages nécessaires pour en user. L'usage des eaux est dû au propriétaire riverain pour l'irrigation de la propriété. Voilà son titre de servitude; et, puisqu'il ne peut exercer cet usage qu'à l'aide d'un barrage appuyé sur l'autre rive, il a droit de faire ce barrage.

Si c'était là le droit commun du Code civil, une loi nouvelle aurait été superflue. Mais jamais les tribunaux ne l'ont entendu ainsi. « Il est *inouï*, dit Henrys (3), qu'un particulier puisse appuyer une écluse sans la permission du propriétaire sur lequel il prend son appui. » Il n'y a de servitudes de nécessité que celles qui sont expressément consacrées par la loi; et, quant à l'art. 697, il ne peut être invoqué, parce que ce n'est pas une servitude que l'art. 644 établit, quand il reconnaît aux riverains le droit de se servir des eaux qui bordent leurs héritages, et, fût-ce une servitude, cette servitude grèverait le cours d'eau exclusivement, et non l'autre rive.

d'amont ont un droit de préoccupation sur les eaux. Mais, pour empêcher tout abus, l'administration et les tribunaux sont appelés, suivant les cas, à régler la part de chacun, dans l'intérêt de la masse des parties prenantes. La concession du droit de barrage n'emporterait pas le privilége de s'approprier une trop forte portion : ce serait seulement pour chaque riverain le moyen de prendre celle qui peut lui appartenir légitimement.

Ce n'est donc pas au nom des propriétaires inférieurs qu'on pourrait combattre l'établissement de la servitude d'appui. C'est au nom de ceux sur l'héritage desquels elle serait constituée, au risque de reflux et d'infiltrations préjudiciables. Mais l'intervention de l'administration peut toujours, lorsqu'il s'agit de l'autorisation des retenues dans les biefs, donner toute garantie contre ces inconvénients qui n'affectent pas moins l'aménagement des arrosages que la marche des usines.

(1) *Des Servitudes*, n° 105.
(2) *Du Domaine public*, n° 1443.
(3) *Recueil d'arrêts*, liv. 3, quest. 49 et 50.

Les arrêts anciens et nouveaux ont toujours rejeté ce prétendu droit d'appui (1).

Un riverain n'a pas même le droit de faire, pour attirer l'eau dans sa rigole, un épi qui se projette et s'avance dans le lit du cours d'eau. Il est bien vrai qu'il est propriétaire jusqu'au milieu de ce lit. Mais c'est à condition de n'y rien faire qui puisse nuire à la rive opposée, et rien n'est plus menaçant pour la rive opposée qu'un épi qui, forçant les eaux à décrire un coude, les jette vers cette rive qu'elles attaquent et corrodent, de sorte que, si ce travail se prolonge, on verra bientôt, en regard de l'angle saillant de l'épi, se dessiner en échancrure dans l'autre rive un angle rentrant, l'eau tendant toujours à maintenir son passage dans la même largeur.

Une entreprise de ce genre tombe évidemment sous l'application de la loi romaine, qui défendait tout ouvrage de main d'homme dont le résultat puisse être de rendre l'eau plus rapide et plus forte : *Cum quis manu fecerit quo aliter flueret quàm naturâ soleret, si fortè immittendo eam aut majorem fecerit, aut citatiorem, aut vehementiorem* (2); car lorsque l'eau est resserrée dans son cours, elle prend plus de rapidité et de force, et par-là même elle devient plus dangereuse pour les rives (3).

C'est ce que la Cour de cassation a jugé (4), dans une affaire où il s'agissait d'une digue ainsi posée dans une partie seulement du lit d'une rivière non navigable, pour faciliter l'arrosage, et qui était devenue l'objet d'une complainte de la part du propriétaire de la rive opposée. La Cour a validé la complainte, en décidant, d'une part, que, si l'un des riverains avait la propriété de la moitié du sol de la rivière, cette propriété était grevée de la servitude naturelle qui dérive de la situation des lieux, et qui, suivant l'art. 640, ne peut être ni changée ni rendue, soit directement, soit indirectement, plus onéreuse aux

---

(1) Henrys, *loco citato*, cite deux arrêts du Parlement de Paris. — Le Parlement de Rouen en a rendu trois : 14 juillet 1735, 14 août 1760 et 10 mars 1789 (inédits). — Metz, 11 juillet 1817, pourvoi rejeté 17 mars 1819. J. du P. — Rouen, 5 mai 1828. S. 28. 2. 347. — Cass., 12 mai 1840. S. 40. 1. 696.

(2) *L.* 1, § 1, *ff. de Aq. et aq. pluv. arc.*

(3) *Brevis aqua, non alta. Nam diffusa aqua fit brevior, ut co-angustata altior. Brevior aqua, leniùs fluit, co-angustata rapidiùs.* Gotofredus, *in leg.* 1, § 15, *ff. de Flum.* Les vitesses nécessaires à l'écoulement sont en raison inverse des sections du débouché.

(4) Arrêt du 1ᵉʳ décembre 1829. S. 30. 1. 34.

autres riverains ; et, d'autre part, que l'effet nécessaire d'une digue ainsi placée était, en rétrécissant le lit de la rivière, de rendre le cours de l'eau plus rapide, et d'en diriger les efforts contre le terrain des complaignants, jusqu'à ce que, par l'enlèvement des terres, le lit de la rivière ait été rétabli dans sa largeur naturelle.

Art. 4.

Les contestations auxquelles pourront donner lieu l'établissement de la servitude, la fixation du parcours de la conduite d'eau, de ses dimensions et de sa forme, et les indemnités dues, soit au propriétaire du fonds traversé, soit à celui du fonds qui recevra l'écoulement des eaux, seront portées devant les tribunaux, qui, en prononçant, devront concilier l'intérêt de l'opération avec le respect dû à la propriété.

Il sera procédé devant les tribunaux comme en matière sommaire, et, s'il y a lieu à expertise, il pourra n'être nommé qu'un seul expert.

39 — *Pouvoir discrétionnaire conféré aux tribunaux.*
40 — *Détermination des conditions de la servitude d'aqueduc.*
41 — *Le propriétaire de la dérivation peut-il faire passer son volume d'eau par un canal appartenant à autrui?*
42 — *Réglement des conditions diverses de la profondeur du nouveau canal, et de sa distance par rapport à d'autres canaux.*
43 — *Frais d'entretien des berges et talus.*
44 — *Curage.*
45 — *Largeur des francs-bords.*
46 — *Distinction entre les travaux à faire sur les fonds traversés et ceux qui doivent être pratiqués le long de la rivière ou dans le lit d'un cours d'eau.*
47 — *Réglement des indemnités. — Renvoi.*
48 — *Respect dû à la propriété.*
49 — *Dangers des expertises.*

39 — **La première rédaction du projet portait : « Tout pro-

priétaire..... pourra *réclamer*...» On pouvait induire de ces expressions que le demandeur restait seul juge du mérite de sa prétention; que la seule question pour les tribunaux était d'apprécier l'indemnité, et que, quel que fût le projet, du moment que son auteur se présentait la bourse à la main, les tribunaux devaient nécessairement en consacrer l'exécution. Mais le mot *obtenir* a été substitué au mot *réclamer*, par un amendement de M. Pascalis, pour substituer « au droit absolu de réclamer, la faculté d'obtenir, suivant l'appréciation discrétionnaire des tribunaux. »

« Mon amendement, a dit M. Pascalis (1), a pour objet de reconnaître aux tribunaux le pouvoir de décider, suivant les circonstances, si la servitude doit, ou non, être concédée. Pour qu'il en soit ainsi, il faut que les tribunaux aient toute latitude, et qu'ils puissent, conformément à l'art. 645 du Code civil, concilier les intérêts de l'agriculture avec le respect dû à la propriété. Ils examineront, en conséquence, s'il y a vraiment utilité pour l'agriculture, et s'il ne résultera pas, relativement, un trop grand dommage, pour la propriété, de l'établissement de la servitude.

» La rédaction de la Commission, si elle était adoptée, ne laisserait pas cette latitude aux tribunaux; et c'est pour faire disparaître tout doute à cet égard, que je veux placer la faculté, non dans la réclamation, mais dans l'obtention ou la concession du droit. Ainsi, les tribunaux examineront, par exemple, si, relativement à la propriété qu'il s'agit d'arroser, la servitude ne serait pas trop onéreuse; s'il était question d'un jardin (2) ou d'une autre étendue très-réduite et que, pour arriver à ce résultat si restreint, si peu avantageux à l'agriculture, il fallût traverser un grand nombre de propriétés, comme cela peut arriver dans l'état d'extrême division de la propriété, il est utile et juste que, dans ce cas, les tribunaux soient armés

---

(1) *Moniteur*, nᶜ 45, p. 326.

(2) La disposition générale de l'article premier, en donnant le droit de détourner les eaux pour l'irrigation, comprend les *jardins*, du moins en tant qu'on voudrait les arroser à grande eau, comme, par exemple, on arrose les plants d'orangers dans les jardins d'Hières. Mais les tribunaux auront à examiner soigneusement, toutes les fois qu'il ne s'agira pas de prairies, si l'importance de l'arrosage à opérer peut légitimer ce que les mesures employées pour conduire les eaux pourraient avoir d'onéreux pour les propriétés à traverser.

du droit de refuser l'établissement de la servitude. — On peut supposer encore qu'il s'agira d'une eau privée, d'une source dont l'écoulement, sans être acquis à des inférieurs par titre ou par prescription, ce qui ne ferait pas question, fût déjà et depuis longtemps utilisé pour l'agriculture par ces propriétaires inférieurs. Celui dans le fonds duquel naît la source aura-t-il le droit illimité de la vendre à un propriétaire éloigné qui n'est pas son voisin, et qui ne pourrait la faire arriver chez lui qu'en grevant de servitude les fonds intermédiaires ? A cette disposition absolue de l'eau, l'agriculture pourrait n'avoir rien à gagner. Il n'y aurait que déplacement, et non extension du bienfait de l'arrosage. Le projet ne vient pas introduire la servitude forcée pour favoriser de telles combinaisons. —Comme conséquence du principe écrit dans l'art. 645, les tribunaux auront le droit d'en empêcher le succès. Ils pourront ne pas laisser porter atteinte aux légitimes expectatives qui naissent de la situation des lieux. D'autres exemples de la même faculté d'appréciation pourraient être cités; mais je crois devoir m'en dispenser, puisque l'assentiment de la Commission me prouve que ma pensée a été comprise, qu'elle a été trouvée juste, et qu'une entière adhésion est donnée au changement de rédaction destiné à l'exprimer (1). »

M. Dalloz, rapporteur : « Je dois déclarer, au nom de la Commission, qu'elle adopte, comme conforme à la pensée qu'elle a exprimée dans son rapport, l'amendement de M. Pascalis, et je suis autorisé à dire que le Gouvernement s'y associe également..... Ce que l'art. 682 a établi pour l'enclave, nous l'instituons pour le passage des eaux, avec cette différence seulement que ce qui est absolu pour l'enclave, nous l'établissons ici comme facultatif pour le pouvoir judiciaire qui pourra, selon les cas, accorder ou refuser la servitude, selon qu'elle sera ou ne sera pas justifiée par un intérêt d'irrigation réel et sérieux (2). »

Dans son premier rapport, M. Dalloz avait posé quelques-uns des cas dans lesquels le pouvoir discrétionnaire des tribunaux pourrait s'exercer, et il est bon de rappeler ces exemples, parce qu'ils peuvent cadrer avec quelques-unes des espèces qui seront soumises aux tribunaux.

« On a un moment, disait M. Dalloz, élevé la question de

(1) *Moniteur,* n° 45, p. 326.
(2) *Moniteur, ibid.*

savoir s'il ne conviendrait pas de fixer le minimum de l'étendue de terre qu'un propriétaire devrait être en mesure d'arroser avec l'eau dont il dispose, pour pouvoir réclamer le passage sur les fonds voisins. Cette précaution, dont on trouve l'idée première dans le travail d'un honorable magistrat de Limoges, où il est parlé d'un minimum de cinquante ares, aurait sans doute l'avantage de restreindre la servitude aux opérations réellement fructueuses dans l'intérêt de l'agriculture, et de prévenir celles qui pourraient n'être inspirées que par la légèreté ou l'esprit de tracasserie. Mais la Commission a pensé que la limite était fort difficile à poser, soit à raison de la différence de fertilité et de valeur des terres, qui ne permet pas de soumettre à une règle commune les terrains en pleine campagne et ceux qui sont situés dans le voisinage des villes, soit à raison de l'insuffisance actuelle des notions pratiques sur le volume d'eau nécessaire à l'arrosement d'une mesure de terre donnée. Elle a pensé aussi qu'on pouvait se reposer avec quelque confiance sur l'intérêt privé, naturellement peu disposé à une entreprise nécessairement dispendieuse, dans l'unique but de susciter à ses voisins des tracasseries contre lesquelles les tribunaux sauraient d'ailleurs les protéger.

» Un membre a aussi demandé qu'une disposition fût introduite pour appliquer au passage des eaux les art. 683 et 684 du Code civil, d'après lesquels le passage, en cas d'enclave, doit être pris du côté où le trajet est le plus court, et surtout dans l'endroit où il est le moins dommageable au propriétaire des fonds traversés. On a demandé encore que le propriétaire des fonds traversés eût le droit d'indiquer le lieu du passage des eaux. Votre Commission aurait désiré accepter ces dispositions évidemment inspirées par le désir naturel de rendre la servitude moins onéreuse à la propriété qu'elle doit grever. Mais elle a pensé qu'on ne pouvait assimiler le passage nécessaire à l'exploitation d'un héritage, à celui dont il s'agit ici, qui est presque toujours donné par le niveau des eaux. Votre Commission a dû garder sur ce point une grande réserve, et laisser aux tribunaux et aux gens de l'art le soin de déterminer tout à la fois la direction, la dimension et la forme de l'aqueduc. Elle n'aurait pu, à cet égard, hasarder des règles absolues sans s'exposer au danger de compromettre le but qu'elle veut atteindre. L'honorable membre qui en avait conçu la pensée s'est rendu lui-même à ces raisons, et a été d'avis, avec la majorité, que les tribunaux seuls pouvaient ici satisfaire aux nécessités de l'entreprise, et ménager en même temps, comme c'est leur devoir, les droits de la propriété. »

Un député, M. Dessaigne, avait proposé une disposition ainsi conçue :

« Néanmoins, on ne pourra user de cette faculté que pour les eaux qui ne seraient pas déjà employées à d'autres irrigations ou à des établissements industriels, ou pour celles qui en excéderaient les besoins. »

Cet amendement ne fut ni développé ni appuyé. Mais la même pensée se retrouve dans l'amendement de M. Pascalis, et il est manifeste que les tribunaux auront ces considérations à apprécier avant d'accorder la servitude.

On avait objecté contre la proposition que la servitude qu'elle voulait établir pourrait être détournée de son but, et amenée ainsi abusivement à profiter à un intérêt d'industrie, de commodité ou d'agrément, pour lequel la loi ne l'aurait pas instituée. C'est précisément pour prévenir de tels abus qu'un pouvoir souverain d'appréciation préjudicielle a été confié aux tribunaux.

« Cette objection, disait M. Dalloz dans son rapport, aurait de la puissance si la servitude que l'on propose de créer constituait un droit absolu dont la volonté seule du propriétaire qui veut irriguer fût l'arbitre; mais on a prévu et on a pris soin de prévenir l'abus qui aurait pu usurper ici la place d'un droit légitime. Dans la pensée qui a inspiré la disposition, la propriété privée ne doit céder qu'à un intérêt d'irrigation sérieux et parfaitement justifié. Il ne suffira donc pas d'alléguer une irrigation imaginaire ou d'invoquer un simulacre d'irrigation pour obtenir du juge le droit de diriger, sur la propriété voisine, des eaux réellement destinées à l'exploitation d'une usine, à la commodité d'une maison de campagne ou à l'embellissement d'un parc. Il ne suffira pas davantage à un propriétaire d'avoir un volume d'eau quelconque à sa disposition, si le niveau des terres ne permet pas l'irrigation, ou si le volume d'eau est évidemment insuffisant pour l'arrosement d'une faible parcelle (1). Car, encore une fois, la propriété privée ne

____

(1) Nous avons copié littéralement le texte officiel, mais il parait manifeste qu'il faut lire : « Si le volume d'eau n'est évidemment suffisant que pour l'arrosement d'une faible parcelle. »

peut être asservie que dans un intérêt général qui ne peut exister que là où l'opération est réelle et utile. Tel est le sens dans lequel la disposition a été conçue, et les tribunaux sont armés d'un pouvoir discrétionnaire propre à faire respecter la pensée de la loi. »

En pareille matière, les tribunaux sont réellement saisis d'une question qui, par sa nature, semble en dehors du domaine judiciaire. Il ne s'agit point, en effet, de reconnaître le droit absolu des parties en présence. Il s'agit de décider une question de *convenance. Quid deceat, quid non?* Les avantages de l'entreprise compensent-ils ses inconvénients? ce ne serait pas encore assez. Il faut que les résultats de l'entreprise soient tels, qu'il paraisse évident qu'ils surpassent tous les inconvénients accessoires qu'elle peut entraîner. Du moment que c'est au nom d'un intérêt prédominant que l'on demande aux droits privés de se résoudre, il faut que cet intérêt soit manifestement démontré: question préjudicielle, dont l'examen ouvre devant les tribunaux une véritable enquête *de commodo et incommodo.*

40 — Après avoir reconnu que les avantages de l'entreprise proposée surpassent ses inconvénients pour les tiers, et que tous ces inconvénients pourront être suffisamment rachetés par une indemnité pécuniaire, les tribunaux auront à régler les conditions diverses de la servitude, la fixation du parcours de l'aqueduc, ses dimensions et sa forme.

« La fixation du parcours a pour objet de permettre à l'autorité judiciaire de choisir, dans les terrains soumis à la servitude, l'endroit où la servitude sera établie. C'est quelque chose de pareil au droit de passage qui est donné au propriétaire enclavé sur les propriétés qui l'enclavent. Les tribunaux choisissent le lieu de passage. » C'est ce qu'a expliqué M. Dumon, ministre des travaux publics (1).

L'art. 53 du décret du 20 avril 1804, loi de la Lombardie, pose, comme première condition de la fixation du parcours de la conduite d'eau, que les experts devront choisir pour l'emplacement de l'aqueduc la partie du fonds traversé où il sera moins dommageable pour le propriétaire, pourvu que la dérivation s'opère d'ailleurs avec une facilité suffisante.

(1) *Moniteur,* n° 45, p. 329.

La loi du 29 avril 1845 n'a pas exprimé cette condition, mais elle est nécessairement sous-entendue, et c'est le droit commun en matière de servitudes (1).

41 — Le propriétaire de la dérivation peut-il demander à faire passer son volume d'eau par un canal déjà existant, appartenant à autrui?

Suivant M. Nadault de Buffon (2) cette faculté était anciennement accordée dans le Milanais. On introduisait l'eau à un certain point en amont d'un canal, à l'aide d'une coupure d'une largeur déterminée faite dans la berge, et puis, après un trajet plus ou moins long pendant lequel les eaux de la dérivation coulaient confondues avec les eaux du canal, on les faisait sortir du canal au moyen d'une ouverture équivalente à la première pratiquée dans la rive opposée. Mais on finit par reconnaître que ce mode donnait lieu à des fraudes, et que les usagers des dérivations parvenaient toujours à se faire restituer un volume plus considérable que celui qu'ils avaient amené dans le canal.

On ne pourrait essayer d'introduire cette pratique en France, parce qu'on introduirait nécessairement avec elle les abus qui l'ont fait justement proscrire ailleurs. D'une part, les ingénieurs n'ont pas encore trouvé un module exact à l'aide duquel on puisse mesurer d'une manière précise le volume d'eau introduit dans un canal ou celui qui en est extrait. D'autre part, le propriétaire du canal a droit de se refuser à la communauté dans laquelle on voudrait ainsi le faire entrer, communauté qui aurait pour lui l'inconvénient de l'obliger à surveiller l'usage fait par son co-participant de la chose commune, et à entrer en compte pour l'entretien du canal, pour les curages, etc.

---

(1) *Si cui simpliciter via per fundum cujuspiam cedatur vel relinquatur, in infinito (videlicet per quampiam ejus partem) ire agere licebit: civiliter modo. Nam quædam in sermone tacitè excipiuntur. Non enim per villam ipsam nec per medias vineas ire agere sinendus est, cùm id æquè commodè per alteram partem facere possit, minore servientis fundi detrimento. L. 9, ff de Servit.*

(2) *Des Irrigations*, tom. 3, p. 43. — M. Nadault est dans l'erreur quand il signale ce mode comme entièrement abandonné aujourd'hui en Italie et en Piémont, car la loi de Lombardie de 1801 l'autorise expressément, de même que l'art. 624 du Code sarde de 1837, moyennant toutefois les précautions nécessaires pour qu'il n'en résulte aucun préjudice.

L'aqueduc nouveau devra donc être établi en dessus ou en dessous du canal préexistant, de manière à éviter tout mélange et toute influence nuisible sur le cours des eaux, à moins que le propriétaire du canal, pour éviter qu'un nouvel aqueduc soit ouvert au travers de sa propriété, ne consente de lui-même au passage de la dérivation dans le canal déjà existant.

42 — Les tribunaux auront à régler, suivant les nécessités de l'entreprise et les convenances des propriétés traversées, les conditions de l'établissement de la conduite d'eau : quand une simple rigole suffira, quand les bords devront être talutés, quand les conduits seront en maçonnerie ou recouverts, l'épaisseur des chaussées, les matériaux dont les chaussées seront composées, les ponts à construire pour ne pas interrompre les communications, etc.

Parmi les conditions constitutives de la conduite d'eau, les tribunaux ne devront jamais omettre de régler la profondeur du canal et de la fixer d'une manière invariable à l'aide de caractères apposés, de distance en distance, au niveau du fond.

Les propriétaires des canaux de dérivation sont toujours portés à en augmenter la profondeur, parce que c'est un moyen soit de donner issue à de nouveaux surgeons, soit d'attirer des infiltrations. Mais l'approfondissement des canaux entraîne presque toujours une notable aggravation de la servitude pour le propriétaire du fonds traversé, car les terres des berges n'ayant plus, pour une profondeur devenue plus grande, un talus suffisant, s'éboulent dans le canal, et le canal s'élargit ainsi aux dépens de ses rives ; et, lors même que le propriétaire du canal ne veut pas profiter de cet élargissement, il en résulte une plus fréquente nécessité de faire des réparations, et, dès lors, de passer sur le fonds servant, d'y déposer des matériaux, etc.

S'il existe déjà sur le fonds qui doit être traversé d'autres canaux, un étang ou quelque réservoir d'eaux, les tribunaux devront aussi fixer, eu égard à ces eaux, la distance à laquelle le nouveau canal devra être ouvert.

On a vu plus haut, n° 22, qu'il n'existe pas à cet égard de distances légales, et quand même la loi en aurait prescrit, ce ne serait jamais que par forme d'exemples ; et si, ces distances observées, des infiltrations se produisaient, il devrait y être pourvu à la charge du propriétaire du nouveau canal.

Les experts devront dans leur rapport s'expliquer positivement sur ce point, après avoir fait des excavations d'épreuve pour reconnaître la nature du terrain, et les tribunaux règleront, en conséquence, l'emplacement du canal et sa profondeur; car, relativement aux infiltrations que le nouveau canal peut attirer, la profondeur est une des circonstances qui doivent surtout être prises en considération.

43 — Le propriétaire de la dérivation est obligé de supporter tous les frais d'entretien de la conduite d'eau, ce qui comprend l'entretien des berges et talus, le curage et tous les frais accessoires.

L'art. 55 de la loi donnée à la Lombardie par Napoléon, le 20 avril 1804, exprime formellement cette obligation. Mais si notre loi nouvelle ne l'a pas expressément énoncée, les principes généraux du droit suffisent pour la mettre à la charge du propriétaire de la dérivation. D'une part, en effet, la dérivation n'existe sur les fonds traversés qu'à titre de servitude, et c'est au propriétaire de la servitude de supporter exclusivement tous les travaux nécessaires pour l'exercice de son droit; et, d'une autre part, en vertu du principe qui oblige un voisin à prévenir les dommages que son voisin pourrait éprouver par suite de travaux faits dans son intérêt, l'auteur de la dérivation étant responsable envers le propriétaire du fonds traversé de tous les inconvénients qui pourraient se produire par suite de son entreprise, doit nécessairement pourvoir à ce que les talus ne s'éboulent pas, si le canal est pratiqué en déblais, à ce que les digues ne crèvent pas, si le canal est pratiqué en remblais, à ce qu'aucun encombrement n'amène des inondations ou des stagnations nuisibles, en un mot, à opérer tous les travaux convenables pour prévenir toute espèce de dommage (1).

A cet égard, ceux dont le canal traverse les héritages ne peuvent pas être obligés d'attendre que le mal se soit manifesté pour agir contre le propriétaire de la dérivation. Il suffit qu'il

(1) La Cour de Rouen a confirmé ces principes dans deux arrêts des 9 avril 1842 et 18 février 1843 (inédits). Il s'agissait de réparations à faire aux digues d'un canal artificiel de flottage, et ces digues, ainsi que les dommages-intérêts résultant du préjudice causé aux riverains par l'infiltration des eaux, furent mis à la charge des propriétaires du canal de flottage.

y ait légitime crainte, pour qu'ils soient autorisés à demander
que les précautions convenables soient prises. Le préjudice
éventuel exige garantie, comme le préjudice accompli exige réparation.

44 — Le curage et le faucardement des canaux d'irrigation est du plus haut intérêt pour l'auteur de la dérivation,
puisque les dépôts de vases qui se forment dans le lit du canal
ou les herbes qui y croissent diminuent le débouché et sont autant d'obstacles au cours des eaux. Pour conserver toujours le
même volume alimentaire, il importe de conserver toujours au
canal la même section libre. Mais, cependant, il ne faut pas que
le propriétaire du fonds servant puisse être continuellement exposé à voir les ouvriers préposés, pour l'entretien du canal, traverser sa terre et fouler ses récoltes. Les tribunaux feront
donc bien de régler les époques auxquelles le curage pourra
être pratiqué, en prenant en considération le mode de culture
du fonds servant. En général, deux curages par an sont suffi-
sants.

Toutefois si, accidentellement, le canal se trouvait encombré, les travaux de curage pourraient être pratiqués même dans
l'intervalle des époques ordinaires.

45 — Le droit d'entretenir le canal, d'empêcher toute déperdition des eaux, tout détournement frauduleux ; en un mot, le
droit de conservation entraîne nécessairement le droit de circuler sur les francs-bords du canal, d'y déposer des matériaux
et des terres jectisses (1).

(1) *Verbo* reficiendi, *tegere, substruere, sarcire, œdificare, item advehere, ad-*
portareque ea quæ ad eamdem rem opus essent continentur. L. 1, § 6, ff. de Ri-
vis.—Refectionis gratiâ accedendi ad ea loca quæ non serviant facultas tributa
est his quibus servitus debetur, quâ tamen accedere eis sit necesse : nisi in ces-
sione servitutis nominatim præfinitum sit, quâ accederetur. L. 11, ff. Comm.
præd.—Si propè tuum fundum jus mihi est aquam rivo ducere, tacitè hæc jura
sequuntur : ut reficere rivum mihi liceat ; ut adire quàm proximè possim ego fa-
brique mei ; item ut spatium relinquat mihi dominus quo dextrâ et sinistrâ ad
rivum eam, et quo terram, limum, lapidem, arenam, calcem jacere possim.
L. 11, § 1, ff. Comm. præd.—Et depressurum vel alleaturum rivum per quem
aquam jure duci potestatem habes ; nisi si, ne id faceres, cautum sit. L. 11, ff.
Comm. præd. —Reficere sic accipimus ad pristinam formam iter et actum re-
ducere. Hoc est ne quis dilatet, aut producat, aut deprimat, aut exageret. Et
aliud est enim reficere, longè aliud facere. L. 3, § 15, ff. de Itin. actuque
privato.

L'estimation du terrain consacré aux francs-bords doit donc faire partie de l'indemnité due au propriétaire du fonds traversé, puisque cette portion de son héritage deviendra, désormais, à peu près entièrement improductive pour lui.

La largeur des francs-bords doit être déterminée d'après l'importance du canal. Il ne faudrait pas prendre pour règle les dimensions admises pour les biefs des usines et les canaux d'irrigation, et porter jusqu'à deux mètres l'étendue du marchepied (1). La servitude accessoire dépasserait ainsi parfois la servitude principale.

Dans le Milanais, la largeur légale des francs-bords est de 45 centimètres sur chaque rive, et il est admis que le propriétaire du sol est libre de faire sur son terrain des plantations jusqu'au bord extérieur de ce sentier (2).

Cet exemple, dans beaucoup de cas, sans doute, pourra donner la règle à suivre.

Le propriétaire de l'aqueduc doit user civilement du droit qui lui appartient de circuler sur le fonds servant pour les diverses nécessités du service de son canal. Il doit traverser par l'endroit le plus court et le moins incommode pour le propriétaire du fonds servant; laisser les matériaux et les terres jectisses le moins longtemps possible sur les bords, etc.; et celui qui en userait autrement, et dont les procédés décéleraient une manifeste intention de nuire, serait passible de dommages-intérêts.

Lorsque le canal de conduite est construit en remblai, le propriétaire de la dérivation peut-il prendre sur le fonds traversé la terre nécessaire pour les chaussées qu'il doit élever?

Suivant Pecchius (3), la servitude d'aqueduc comprend, comme faculté accessoire, le droit de prendre dans le fonds servant la terre nécessaire pour former ou réparer les berges, et M. le président Cappeau (4) adopte cette solution. Mais Romagnosi (5) la combat, et avec raison. Il ne peut exister juridiquement d'autres accessoires de la servitude d'aqueduc que ceux que la nécessité consacre. Or, le propriétaire de l'aqueduc peut

(1) V. *Traité des Cours d'eau*, nº 843.
(2) Nadault de Buffon, *des Irrigations*, tom. 3, p. 73.
(3) *De Aquæductu*, lib. 2, cap. 2, quest. 1, nº 2 et seq.
(4) *Législation rurale*, liv. 1, tit. 3, ch. 3, sect. 4, nº 98.
(5) *Condotta delle acque*, part. 1, lib. 2, § 13.

toujours faire apporter d'ailleurs les matériaux indispensables pour former ou pour réparer ses chaussées, sans avoir besoin de bouleverser pour cela le fonds servant.

46 — S'il appartient aux tribunaux de régler la *forme des travaux*, c'est seulement dans la propriété traversée; car, s'il s'agit de constructions à opérer dans un cours d'eau, navigable ou non, rien ne peut être exécuté qu'avec l'autorisation administrative.

On avait demandé à la Chambre des Députés la suppression de ces mots : « La fixation du parcours de la conduite d'eau, de ses dimensions et de sa forme, » afin de réserver à l'administration exclusivement le droit de disposer à ce sujet. Mais le rapporteur de la Commission s'opposa à ce retranchement. « Nous avons voulu, disait-il, sauvegarder la propriété, lui donner la garantie des tribunaux. Ainsi, dans certains cas, il suffira d'une simple rigole. Voudrait-on que l'administration intervînt et pût exiger la construction à grands frais d'un large canal là où ce canal ne sera pas nécessaire...? La Commission a voulu placer la propriété sous la tutelle des tribunaux, hors de l'action de l'autorité administrative, et je répète que nous croyons avoir satisfait aux justes prérogatives de l'administration en réservant, dans l'art. 4, tout ce qui pourrait être relatif à la police des eaux (1). »

Le ministre des travaux publics reconnaissait, d'ailleurs, que, « sur la rigole qui est dans l'intérieur des terres, l'administration n'a rien à voir. On la construira comme on voudra. »

Mais, quant à la prise d'eau à opérer dans le lit d'une rivière navigable et flottable, ou non, par cela que c'est dans le lit même de la rivière qu'elle est établie, il appartient essentiellement à l'administration d'en régler la forme et les conditions.

De même, s'il s'agit de traverser une route royale ou départementale, une rue, une place publique, un chemin vicinal. L'autorisation des travaux ne peut être donnée que par l'administration des ponts et chaussées ou par l'administration municipale qui arbitreront souverainement la nature des travaux

(1) *Moniteur*, n° 45 , p. 329.

à exécuter, aussi bien que les indemnités à payer. Il s'agit là de choses qui sont hors du commerce, et qui ne tombent pas sous le pouvoir de disposition des tribunaux.

47 — En ce qui concerne le règlement des indemnités, nous nous sommes expliqués sous l'article premier.

48 — L'article que nous examinons n'est, dans sa dernière partie, qu'une importation du Code civil, un pastiche de l'article 645. Il doit donc être appliqué avec les mêmes conditions juridiques (1). Les tribunaux doivent chercher à concilier les intérêts opposés en les amenant à des concessions réciproques. Mais le respect à la propriété qui leur est prescrit interdit tout empiétement sur les droits absolus résultant de la loi, des titres ou de la possession.

Les tribunaux ne perdront pas de vue, d'ailleurs, qu'ils n'ont de pouvoir que pour les dispositions relatives au passage des eaux, et qu'ils ne sauraient, sous prétexte de quelque rapport plus ou moins direct avec l'opération, régler quelque autre point que ce soit par application de leur pouvoir discrétionnaire. Tout ce qui n'est pas le règlement de l'établissement et du parcours de l'aqueduc reste exclusivement, entre les propriétaires intéressés, dans le domaine libre des conventions.

49 — Il n'y a pas d'affaires plus embarrassantes pour les magistrats que celles où ils ont à régler leurs décisions d'après des avis d'experts, dont il est presque toujours difficile et quelquefois absolument impossible de contrôler les données. Le jugement du procès est ainsi forcément délégué aux experts. Quel encouragement pour les parties de tenter alors l'emploi de moyens que, grâce à Dieu, nul ne peut songer à essayer auprès de la magistrature française! La pratique des affaires offre, à cet égard, les plus déplorables exemples; et, trop souvent, les expertises sont devenues un véritable trafic. Dans les pays surtout où abondent les procès suscités par les débats sur l'usage des eaux, les expertises, appelant des hommes spéciaux, se concentrent nécessairement dans les mains d'un petit nombre d'individus. Les relations qui s'établissent entre eux

____

(1) V. le *Traité des Cours d'eau*, nᵒˢ 989 et suiv.

donnent une prise aisée aux moyens d'influence. Aujourd'hui l'un consent, dans telle affaire, à donner à son confrère le secours de sa voix, à condition que, demain, dans telle autre affaire, celui-ci lui fournira le même appoint. Ainsi se forme souvent, d'un échange de complaisances intéressées, cette unanimité des rapports toujours emphatiquement annoncée en tête des conclusions des experts.

La loi nouvelle s'est surtout préoccupée du soin d'éviter des frais onéreux pour les parties; et, en effet, à cet égard aussi, les abus sont énormes.

Les tribunaux sont autorisés à ne nommer qu'un seul expert. Mais, quand il s'agira d'une entreprise à gros profits présumés, dirigée par quelqu'un de ces spéculateurs qui ne voient jamais que l'argent pour moyen d'action, comme pour résultat, ce serait laisser trop de facilités à la corruption que de ne pas donner aux parties intéressées la garantie de trois experts. Il est vrai que ces spéculateurs ne sont guère plus embarrassés, si l'entreprise en vaut la peine, pour acheter trois hommes qu'un seul : ces déboursés entrent dans les frais généraux de l'opération. Heureux les tribunaux qui sont assez sûrs de leur liste d'experts pour n'avoir pas à craindre que la justice soit corrompue dans ses sources, par les auxiliaires mêmes auxquels elle est obligée de recourir !

Art. 5.

Il n'est aucunement dérogé par les présentes dispositions aux lois qui règlent la police des eaux.

50 — Pour que cette disposition finale de la loi nouvelle fût complète, elle aurait dû exprimer qu'il n'était nullement dérogé aux lois qui disposent sur la propriété et l'usage des eaux, non plus qu'aux lois de police. Cette dernière réserve était de droit sans doute, comme l'autre. Mais, puisqu'on jugeait à propos de la spécifier, il eût été plus régulier de spécifier aussi la première.

Cela eût été régulier, et non nécessaire. Aussi ne pourra-t-on, en aucun cas, faire argument du silence gardé par le législateur, en ce qui concerne les droits de propriété et d'usage. Outre les déclarations formelles émanées des auteurs de la loi, et que nous avons recueillies plus haut sous l'article premier, il résulte expressément du texte même de cet article que le *droit de disposer des eaux* est la base indispensable de l'exercice de la faculté conférée par la loi. La loi, à cet égard, ne donne ni n'ôte. Au droit sur les eaux qui existe indépendamment d'elle, en vertu de lois qu'elle laisse intactes, elle ajoute une faculté nouvelle : le droit de passage sur le fonds d'autrui. Elle permet de faire, en vertu du droit commun, ce que, auparavant, on n'aurait pu faire qu'en vertu d'une convention. Il y a donc un *criterium* infaillible pour apprécier, relativement à la disposition des eaux et aux résistances des tiers, toutes les demandes qui se produiront désormais sous l'enseigne de la loi nouvelle : et il suffit de rechercher si, avant la loi, le demandeur aurait pu faire, par l'effet d'une convention privée, ce qu'il demande à faire par la permission de la loi, qui, suivant la belle expression de D'Aguesseau, est le contrat commun.

51 — L'État n'a pas la propriété des rivières navigables et flottables. Consacrés aux usages publics, ces cours d'eau ne sont pas susceptibles de propriété. L'État en est le conservateur. Il en a la surintendance et la garde, afin surtout d'en maintenir la destination commune.

Nul ne saurait revendiquer sur les rivières du domaine public des droits incompatibles avec les intérêts généraux. Mais, réciproquement, comme il importe qu'aucune des forces productives du pays ne reste inutilisée, toutes les fois qu'il est démontré que, sans nuire au service public, on peut concéder à des particuliers l'usage des eaux, le Gouvernement, auquel il appartient d'apprécier souverainement ce que réclament les besoins spéciaux et ce qui peut être permis, sans inconvénient, aux intérêts privés, peut faire des concessions dont le caractère essentiel est de rester à jamais subordonnées aux intérêts publics (1).

Une ordonnance du roi peut seule valoir de titre de concession (2), et il ne peut être suppléé à cet acte par aucun acte administratif, par aucune possession de fait, quelle qu'en ait été la durée.

(1) V. le *Traité des cours d'eau*, n° 331 et suiv.

(2) « Les grands maistres et maistres particuliers des eaux et forêts, non pas même le parlement, n'en pourraient donner la permission, encore qu'ils soient fondés en la juridiction et connaissance du faict, et puissent bien empescher si quelqu'un entreprend au contraire. *Quia non est jus in publicas res quœ principis censentur, liberum senatui.*» Sainct Yon, *Coustumes des eaux et forêts*, liv. 2, tit. 2, n° 16.

— Par arrêt du 1ᵉʳ août 1844, la Cour de Rouen a ordonné, par application de ce principe, la destruction d'un établissement sur un cours d'eau du domaine public après plus de cent ans de possession, et quoique le propriétaire produisît un grand nombre de procès-verbaux de visite du Vicomte de l'eau avant 1789, et, depuis, des agens des ponts et chaussées par lesquels l'existence de cet établissement était reconnue. Mais il manquait le titre essentiel : une ordonnance de concession.

52 — Pour obtenir la concession d'une prise d'eau sur une rivière du domaine public, il faut présenter au préfet du département une pétition indiquant le point où la dérivation doit être pratiquée et les divers détails du projet. Le préfet transmet la pétition au maire de la commune où la prise d'eau doit être établie, à l'ingénieur de l'arrondissement et à l'inspecteur de la navigation. Le maire fait afficher la pétition, afin de mettre les intéressés à portée de présenter leurs observations. Dans l'usage, au jour indiqué par l'ingénieur, le maire et l'inspecteur de la navigation se transportent sur le lieu. L'ingénieur et l'inspecteur de la navigation dressent procès-verbal. Les dires des parties y sont immédiatement consignés ou déposés au secrétariat de la mairie. Le maire transmet son avis au préfet. L'inspecteur de la navigation envoie son procès-verbal et son rapport au bureau de la navigation. L'ingénieur fait son rapport qu'il adresse à l'ingénieur en chef avec un plan figuré des lieux. L'ingénieur en chef fait son rapport sur les propositions de l'ingénieur d'arrondissement.

Les choses en cet état, comme les propositions des ingénieurs peuvent amener quelques modifications dans les plans primitifs, et qu'il importe que les intéressés en aient connaissance, afin de les discuter au besoin, le dossier est de nouveau envoyé à la mairie où il reste déposé pendant quinze jours.

Après cette seconde enquête, les pièces sont soumises de nouveau à l'ingénieur en chef qui doit donner un second avis.

Lorsque les oppositions des tiers sont fondées sur des questions de propriété et d'usage, le préfet doit renvoyer les parties devant les tribunaux, et surseoir à statuer jusqu'après leur décision.

Quand enfin ces préliminaires sont aplanis, ou lorsque les oppositions sont fondées seulement sur des motifs d'intérêt et de convenance, le préfet dresse son arrêté qui ne doit résoudre que ces seules questions appréciées du point de vue administratif, et il le transmet au ministre des travaux publics avec toutes les pièces à l'appui. Le ministre, sur un rapport du directeur-général des Ponts et Chaussées et sur l'avis du Conseil-d'État, soumet au Roi le projet de l'ordonnance royale définitive.

Toutes ces formes sont réglées par une instruction ministérielle du 9 thermidor an vi, et par une circulaire du 16 novembre 1834.

Aujourd'hui, l'arrêté du préfet n'a plus le caractère de *permission* que supposait l'arrêté du 19 ventôse an vi ; ce n'est qu'un document préparatoire, qu'un des éléments de l'ordonnance royale. Il ne peut ni servir de titre, même provisoire, ni autoriser aucune exécution, ni fonder aucune possession légale. Le droit à la concession dérivant exclusivement de l'ordonnance du Roi, les tiers intéressés pourraient demander la destruction ou la réformation immédiate de tout ce qui aurait été fait avant l'ordonnance (1), et le concessionnaire qui, sur la seule foi de la permission du préfet, aurait fait des travaux que ne sanctionnerait pas l'ordonnance ultérieurement intervenue, serait obligé de les détruire, sans pouvoir obtenir aucune indemnité, sans être même recevable à attaquer l'ordonnance par voie contentieuse devant le Conseil-d'État (2). Bien plus, il devrait être poursuivi devant le Conseil de préfecture comme coupable de contravention à l'art. 42, tit. 27, de l'ord. de 1669 (3).

53 — En cas de concours de deux ou plusieurs demandes, la question de préférence à accorder est entièrement laissée à la discrétion de l'administration. La priorité ne confère aucun droit précis, seulement elle doit souvent être prise en considération, quand les demandes paraissent présenter des avantages équivalents sous le rapport des intérêts généraux qui doivent toujours influencer souverainement la décision administrative.

54 — En accordant une concession de cette nature, le Gouvernement doit, non-seulement en concilier le privilége avec le service public de la navigation et du flottage, le maintien du passage des gués et le libre écoulement des eaux, de manière à prévenir toute inondation, toute stagnation nuisible ; mais il doit, de plus, concilier ce privilége avec le maintien des autres droits qui peuvent être déjà légalement acquis à des communes ou à des particuliers.

Les concessions faites par le Gouvernement ne constituant

(1) Conseil, 23 août 1821.
(2) Conseil, 1er mars 1826.
(3) Conseil, 9 novembre 1836.

que des actes de police et de haute administration, il s'ensuit qu'ils sous-entendent et réservent les droits des tiers. *Conces-sionës de bonis publicis factæ semper intelliguntur reservatis ju-ribus et commoditatibus ejus cui primo facta est concessio*(1).

Autrefois, lorsque les lettres-patentes de concession avaient été obtenues, le concessionnaire devait, avant toute exécution, les faire enregistrer au Parlement, et alors tous ceux qui se prétendaient lésés par les dispositions des lettres-patentes pouvaient former opposition à l'arrêt d'enregistrement. Le Parlement statuait contradictoirement sur les moyens respectifs des opposants et des concessionnaires, et ainsi se faisait, d'après les titres et les circonstances, l'appréciation de la clause restrictive des édits royaux, *sauf notre droit en autres choses et l'autrui en toutes*, clause toujours écrite, ou du moins toujours supposée dans les actes de cette espèce.

Aujourd'hui, sous de nouvelles formes, avec moins de garanties peut-être pour les tiers, les mêmes principes sont toujours en vigueur.

Il ne peut y avoir de concession nouvelle qu'autant qu'il est prouvé qu'il reste encore une portion disponible, après le service des anciennes concessions.

Aussi les concessions nouvelles ne peuvent-elles s'établir que sur le *trop-plein* des anciennes, et, par suite, les dernières prises d'eau restent soumises à une véritable servitude au profit des prises d'eau antérieures. En temps d'étiage, lorsque l'eau du bassin alimentaire devient insuffisante pour alimenter à la fois toutes les dérivations, les plus nouvelles doivent, en suivant l'ordre successif des concessions, fermer jusqu'à due concurrence, ou même entièrement, s'il le faut, leurs écluses, quand l'eau s'abaisse au dessous du repère, afin d'assurer toujours, autant que possible, le service des plus anciennes. *Prior tempore, potior jure.*

Ce sont là des principes incontestables ; l'administration doit les prendre pour base de ses règlements. Mais, dans les affaires administratives, une certaine latitude d'appréciation est inévitable. Les oppositions sont souvent dirigées par des craintes exagérées ; et souvent aussi l'administration qui doit, par-dessus toutes choses, considérer l'intérêt général, se trouve

---

(1) Cæpolla, *de Servit.*, *tract. 2, cap. 4, n° 49.*

amenée à ne pas s'arrêter devant l'allégation, même justifiée, d'un dommage minime, parce que la concession nouvelle présente des avantages généraux et locaux qui, pour elle, doivent compenser, et au-delà, un léger préjudice privé.

Dans ce cas, les droits des tiers étant toujours réservés, celui qui éprouve le préjudice peut se pourvoir judiciairement pour en demander la réparation sous forme de dommages-intérêts (1).

55 — En attendant que l'administration ait publié une instruction, depuis longtemps attendue, sur les demandes de concessions sur les rivières du domaine public, il n'y a pas de meilleur guide à suivre que M. Nadault de Buffon (2), pour connaître les clauses générales qui sont ordinairement insérées dans les ordonnances royales d'autorisation.

Après avoir fixé le volume d'eau à dériver, on règle les dimensions de la prise d'eau, la section et la pente du canal à son origine, afin que la quantité d'eau concédée ne soit pas dépassée. Un certain nombre de profils en maçonnerie sont établis à l'origine de la dérivation et répartis sur une longueur convenable, et servent, en même temps que la prise d'eau elle-même, à régulariser et vérifier le volume d'eau de cette dérivation.

On fixe un délai pour l'exécution des travaux, sous peine de déchéance.

Si toute l'eau comprise dans la concession n'est pas utilisée par le concessionnaire dans un délai fixé, la portion non utilisée cesse de faire partie de la concession, et peut être l'objet d'une concession nouvelle.

Quelquefois une redevance est imposée à raison de tant par hectare arrosé. Mais souvent aussi, et il y a lieu d'espérer que cela deviendra la règle générale, les entreprises d'irrigation sont dispensées de toute redevance, à raison des grandes dépenses d'établissement qu'elles entraînent, et des avantages qu'elles procurent dans l'intérêt public.

Obligation est imposée au concessionnaire d'assurer le libre cours de toutes les eaux par lui dérivées et des *colatures* ou eaux d'égout, en empêchant que ces eaux ne séjournent d'une manière nuisible dans des parties basses.

(1) Nadault de Buffon, *des Irrigations*, tom. 3, p. 369. — V. le *Traité des Cours d'eau*, n° 983, et ci-dessus, n° 12.

(2) Des *Irrigations*, tom. 3, p. 195.

Obligation lui est pareillement imposée de concourir, dans une certaine proportion, aux frais généraux des travaux d'entretien de la rivière à laquelle sa dérivation est empruntée ; et spécialement est mis à sa charge exclusive, et aussi souvent qu'il en sera requis par le préfet, le soin de curer la rivière dans toute l'étendue du remoux produit par son barrage.

Enfin, comme, d'une part, les prises d'eau concédées dans les rivières du domaine public sont de pure tolérance, et qu'elles n'ont été accordées que par la considération qu'elles pouvaient se concilier avec le service public, et que, d'autre part, elles ont été essentiellement attachées aux conditions de garantie qui y sont stipulées, deux clauses résolutoires terminent toutes les ordonnances royales de concession ; et, lors même qu'elles n'y seraient pas exprimées, elles y existeraient virtuellement :

1° Dans aucun temps ni sous aucun prétexte, le concessionnaire ne pourra prétendre indemnité de chômage ni dédommagement, par suite des dispositions que le Gouvernement jugerait convenable de faire sur le cours d'eau pour l'avantage de la navigation, du commerce ou de l'industrie ;

2° Faute par le concessionnaire de se conformer exactement aux dispositions de l'ordonnance royale de concession, l'autorisation sera révoquée, et les lieux remis, à ses frais, au même état où ils étaient auparavant. Il en sera usé de même dans le cas où le concessionnaire, après avoir exécuté fidèlement les conditions qui lui auront été imposées, viendrait, par la suite, à former quelque entreprise sur le cours d'eau, ou à changer l'état des lieux, sans s'y être fait autoriser.

56 — Lorsque l'ordonnance royale est rendue, le premier soin du concessionnaire doit être de la faire signifier par huissier à ceux que son exécution peut intéresser, et notamment à tous ceux qui s'étaient portés opposants dans l'instruction administrative ; et ce, afin de faire courir le délai de trois mois pour le recours qui peut être porté devant le Conseil-d'État. Une simple notification administrative, faite aux intéressés, soit par le maire, soit par le garde-champêtre, ne suffirait pas, quand même il en aurait été donné récépissé. Il en est, à cet égard,

comme des jugements des tribunaux ; rien ne peut suppléer la notification légale (1).

57 — L'ingénieur d'arrondissement doit surveiller les travaux faits par le concessionnaire, en exécution des plans et devis adoptés par l'ordonnance royale. Lorsqu'ils sont achevés, le propriétaire doit le requérir de venir dresser procès-verbal de réception, en présence de l'autorité locale et des parties intéressées. Une expédition de ce procès-verbal est déposée aux archives de la préfecture, et une autre est adressée au ministre des travaux publics.

58 — L'instruction du 19 thermidor an VI porte que les mêmes formes devront être suivies toutes les fois qu'on voudra faire quelque innovation importante aux barrages, pertuis, en un mot, aux parties constitutives de la prise d'eau.

Les réparations de pur entretien peuvent être opérées sans autorisation ; mais il faut se garder, sous prétexte de réparations, de modifier en aucune manière les parties des constructions qui peuvent influer, soit sur le volume des eaux dérivées, soit sur le libre cours des eaux dans le lit de la rivière. Car le concessionnaire s'exposerait, en ce cas, non-seulement à des poursuites devant le Conseil de préfecture pour contravention de grande voirie, mais encore à la révocation de la concession (2).

En cas de doute sur le caractère des travaux à opérer, il est prudent de présenter pétition à l'administration pour les faire autoriser.

59 — Les prises d'eau établies sur une rivière du domaine public doivent toujours, quelle que soit la possession alléguée, être réduites à leur capacité primitive : là où la prescription ne saurait tenir lieu de titre, elle ne peut rien ajouter au titre (3).

60 — La rivière d'Iton a été rendue flottable en 1749, sur la demande du duc de Bouillon, pour faciliter l'exploitation de ses forêts du comté d'Évreux. L'établissement du flottage ne

(1) V. le *Traité des Cours d'eau*, n° 361.
(2) V. le *Traité des Cours d'eau*, n° 344.
(3) V. le *Traité des Cours d'eau*, n° 379.

put avoir lieu qu'à l'aide de certains travaux d'art pratiqués en
divers endroits sur le cours de cette rivière, moyennant indemnité aux riverains.—Le marquis de Champigny, dont l'Iton
traversait le fief, usant de la faculté conférée par l'art. 206 de la
coutume de Normandie, détourna dans ses terres une partie
du volume de la rivière à l'aide d'un canal de dérivation qui
fut ouvert, et subsista sans contestation depuis 1774 jusqu'en
1840. Mais, à cette époque, un propriétaire d'usine, le sieur
Bellème, pour augmenter sa chute, défonça le lit de la rivière,
de telle sorte que les eaux ne s'élevant plus jusqu'au radier de la
prise d'eau de M. de Champigny, son canal restait à sec. Action
contre le sieur Bellème pour le faire condamner à rétablir l'ancien sol gravier de la rivière, ou, du moins, son entreprise
ayant été, depuis le procès, autorisée par l'administration, pour
le faire condamner à des dommages-intérêts.

Bellème se défendait en soutenant que l'Iton étant flottable
et la prise d'eau du marquis de Champigny n'ayant pas été autorisée, il ne pouvait pas en réclamer le droit devant les tribunaux.

Il s'agissait donc de savoir si le principe que nous avons établi
plus haut (n° 51) pour les rivières navigables et flottables de
leur fond était aussi applicable aux petites rivières rendues
flottables artificiellement.

La Cour de Rouen a rendu sur cette question l'arrêt suivant (1) :

« Attendu que la rivière d'Iton est flottable depuis 1749 ; — que le
fossé du marquis de Champigny a été creusé en 1774, et par conséquent
à une époque où la rivière d'Iton était depuis longtemps flottable ; — que,
pour savoir si Bellème en élargissant le canal naturel de la rivière d'Iton,
et en rendant par là-même moins abondant le cours des eaux dérivées,
cause un dommage dont réparation soit due au marquis de Champigny,
il importe d'apprécier la nature du droit revendiqué par celui-ci ; — que
de la combinaison des art. 43 et 44, titre 27, de l'ordonnance de 1669, il
résulte que le droit de poursuivre les contraventions commises sur les rivières flottables, ainsi que la police et l'administration de ces rivières appartenait aux officiers publics préposés par le Roi ; — qu'ainsi les rivières
flottables, sous ces divers rapports, n'ont pu être assimilées aux rivières
seigneuriales ou petites rivières, dont la police appartenait aux seigneurs, qui, aux termes de l'art. 203 de la coutume de Normandie,

____

(1) 6 mars 1845. *Bellème* (inéd.).

avaient le droit d'en détourner l'eau, lorsque les deux rives étaient assises
en leurs fiefs ; — que si, d'après l'art. 41, titre 27, de l'ordonnance pré-
citée, les fleuves et les rivières *portant bateaux de leur fond sans artifice et ouvrages de mains* étaient seules considérées comme appartenant
à la couronne, il n'en résultait pas que les seigneurs pussent, sans abus et
sans usurpation des pouvoirs publics, détourner les eaux des rivières dont
ils n'avaient ni la police ni l'administration ; — que, dès lors, aucun fait
de ce genre n'a pu servir de base à la prescription ; — que la loi ne dis-
tinguant pas entre les rivières flottables sans artifice et les rivières rendues flottables par la création d'ouvrages d'art, les mêmes lois régissent
les unes et les autres ; — qu'il résulte des principes sus-énoncés que le
fait, par le marquis de Champigny, d'avoir, en 1774, détourné une partie
des eaux de la rivière d'Iton, n'a pu, quelle qu'ait été sa possession, lui
créer un droit sur ces eaux, de même qu'un pareil droit ne pourrait résulter de ses titres ; — qu'il n'est donc pas fondé à se plaindre des travaux faits par Bellême sur le canal naturel de la rivière d'Iton ;

» La Cour, par ces motifs, sur l'appel de Bellême, met l'appellation et le
jugement dont est appel au néant ; réformant sur le chef principal, décharge Bellême des condamnations contre lui prononcées ; sur l'appel
incident de Doucerain, réforme le jugement dont est appel et décharge
Doucerain des condamnations contre lui prononcées. »

Les bras et les canaux dérivés des rivières navigables sont les
membres de ces rivières ; du domaine public, comme elles ; et,
par suite, une concession du Gouvernement est nécessaire
pour y pratiquer des prises d'eau.

Mais les affluents non navigables des rivières navigables n'é-
tant pas domaniaux, et les rivières navigables n'étant soumises
à la domanialité que dans la partie de leur cours où s'exerce
la navigation ou le flottage des trains (1), il suit de ce principe
que le Gouvernement ne peut faire aucune concession, ni sur
les cours d'eau affluents, ni sur les parties supérieures des rivières du domaine public.

Sur ces cours d'eau, la faculté d'irrigation n'appartient
qu'aux riverains, sauf la permission à obtenir par eux de l'administration, dans le cas ou un règlement administratif a établi cette police.

61 — L'intervention de l'administration pour le règlement
des dérivations à opérer sur les rivières non-navigables ni flottables tient à des principes d'un tout autre ordre que ceux qui

(1) V. le *Traité des Cours d'eau*, nos 39 et 39 *bis*.

régissent les concessions sur les rivières du domaine public.

Ici, nous touchons la question si controversée de la propriété des cours d'eau qui ne sont ni navigables ni flottables. Cette propriété appartient-elle à l'État? C'est la thèse soutenue par M. Rives (1), thèse à laquelle il suffit peut-être d'opposer l'article 538 du Code civil. Cette propriété n'appartient-elle à personne, et, dès lors, suivant l'article 714, l'usage des eaux tombe-t-il exclusivement sous l'action des lois de police? C'est l'opinion de M. Nadault de Buffon (2).

J'ai discuté ces deux opinions dans mon *Traité des Cours d'eau* (3), et je crois avoir démontré que la propriété des cours d'eau non navigables appartient aux riverains. Je veux ici prendre surtout acte de ce qui a été énoncé sur ce sujet dans la discussion de la loi du 29 avril 1845.

Il est vrai que M. Dalloz a dit, à la séance du 12 février (4), qu'à l'égard des eaux des rivières non navigables, « il n'y a pas de droit de propriété, qu'il n'y a qu'un droit d'usage.... » Mais cette opinion est restée isolée. MM. Maurat-Ballange, Bethmont, Gillon, Passy et de Gasparin, ont énoncé une opinion toute contraire.

« Les eaux, disait M. Maurat-Ballange, deviennent l'objet d'une propriété particulière, comme accessoire du sol sur lequel elles reposent. Les art. 640 et suivants du Code civil supposent tous que les eaux ne sont qu'un accessoire de la propriété... Les eaux sont essentiellement mobiles de leur nature; elles sont continuellement emportées par la pente qui les entraîne; et de là une autre conséquence, c'est qu'aussitôt qu'elles ont franchi le fonds supérieur pour s'introduire dans la propriété inférieure, elles appartiennent à celui à qui appartient cette propriété, par la raison toute simple qu'elles en deviennent l'accessoire, comme elles étaient précédemment l'accessoire de la propriété supérieure. Voilà pourquoi l'art. 640 du Code civil décide que le propriétaire inférieur est obligé de recevoir les eaux qui découlent naturellement de l'héritage supérieur, sans que la main de l'homme y ait contribué, et

(1) *De la propriété du cours et du lit des rivières non navigables et non flottables.* Paris, 1844.
(2) *Des Usines hydrauliques.*
(3) Tom. 2, nᵒˢ 529 et suiv.
(4) *Moniteur*, nᵒ 43.

voilà pourquoi l'art. 644 déclare que celui dont la propriété borde une eau courante, autre que celle qui est déclarée dépendance du domaine public par l'art. 538, peut s'en servir à son passage pour l'irrigation de ses propriétés, et que celui dont cette eau traverse l'héritage peut même en user dans l'intervalle qu'elle y parcourt, mais à la charge de la rendre, à la sortie de son fonds, à son cours ordinaire (1). »

M. Bethmont : « Il y a des eaux qui ne sont pas du domaine public, mais dont on jouit à raison de son terrain et du rapport qui existe entre ces eaux et le terrain que l'on possède.(Ce sont les cours d'eau dont on use à leur passage à condition de les rendre, et puis encore à des conditions plus complexes, lorsque ces cours d'eau ont été l'objet d'une réglementation de la part de l'autorité administrative, soit à cause d'établissements d'usines, soit par tout autre motif (2). »

Et, dans une autre partie de la discussion, le même jurisconsulte disait encore en parlant des eaux des rivières non navigables : « A qui appartiennent ces eaux par leur nature? Aux propriétaires qui sont dans la vallée que le cours d'eau parcourt (3). »

Dans son rapport à la Chambre des Pairs, M. Passy disait que, « sur ces cours d'eau, l'État ne s'est réservé que des droits généraux de police, et que *les riverains en ont la possession collective.* »

Enfin, l'opinion peut-être la plus grave à cet égard est celle de M. de Gasparin, qui, précisément parce qu'il regarde la propriété des riverains comme un obstacle au meilleur aménagement des petits cours d'eau, a dû, par-là même, n'admettre l'existence de ces droits de propriété qu'avec une répugnance extrême et parce qu'il lui a fallu céder à une irrésistible évidence. « Des trois catégories d'eau, une seule appartient à l'État, a-t-il dit..... On peut affirmer que la libéralité faite aux riverains par l'art. 644 du Code a été peu utile pour eux, mais a été très-nuisible à la richesse publique.... Ces eaux que le Code a livrées aux riverains.... (4). »

(1) *Moniteur,* n° 43, p. 307.
(2) *Moniteur,* n° 43, p. 309.
(3) *Moniteur,* n° 44, p. 319, *col.* 2.
(4) *Moniteur,* n° 110, p. 1047, *col.* 2 et 3. — Ajoutez l'opinion de M. de Barthélemy. *Moniteur,* n° 110, p. 1048, *col.* 1 et 2.

Sur ces derniers mots, il n'y a pas à chicaner l'orateur; il prenait son point de départ dans le Code civil, et il n'avait pas à rechercher si c'est ce Code qui, le premier, a attribué aux riverains la propriété des cours d'eau non navigables. Mais il est vrai de dire avec lui que le Code a livré les petits cours d'eau aux riverains à titre de propriété, par cela qu'il les a considérés comme dépendances, comme portions intégrantes du sol.

Il y a des auteurs qui, sur notre question, remontent jusqu'à l'établissement de la propriété, jusqu'aux premiers partages des terres, et qui montrent les tribus primitives divisant leurs champs, en adoptant, *dès l'origine, pour limites les ruisseaux et les petites rivières aussi naturellement que les grands fleuves et la mer* (1).

Chacun peut broder à sa fantaisie ce roman des origines, et à moins que M. Koutorga, ce professeur à l'université de Saint-Pétersbourg, que cite M. Rives, n'ait découvert quelques mémoires de ces temps-là, on n'a pas à craindre les démentis de l'histoire. Vous racontez qu'un jour un chef de tribu, arrivant avec sa caravane sur le bord d'un cours d'eau, cria au chef de la tribu déjà établie sur l'autre rive : « Ce cours d'eau est ta limite; tu ne la franchiras pas, et ces eaux nous seront communes, à nous et à tous ceux qui pourront survenir. » Et vous me dites que cette parole est la loi de l'humanité. C'est fort bien. Mais qui m'empêche de refaire cette loi? Il me suffit de vous dire que l'autre chef, loin d'accepter la limite, se mit d'une enjambée à franchir le cours d'eau, comme Rémus enjambait par dérision les fossés de son frère, et que, par une démonstration plus efficace encore, à l'aide d'une palissade élevée sur la rive opposée, il plaça le lit tout entier dans son domaine, se réservant à lui seul, à l'exclusion de tous, le précieux usage des eaux.

Chose remarquable! les eaux, dont on proclame si assurément la communauté naturelle, durent être, pour les peuples pasteurs, pour les tribus répandues dans les déserts, la première possession consacrée et reconnue au profit de l'occupant : l'herbe et l'abri des arbres n'étaient pas plus nécessaires.

____

(1) M. Tarbé, *Dictionnaire des travaux publics*, p. 180. — M. Rives cite en outre un *Essai de l'organisation de la tribu dans l'antiquité,* par M. Koutorga, professeur d'histoire universelle à Saint-Pétersbourg.

De nos jours encore, ces infatigables pionniers qui, sans autre titre que la puissance du travail, vont à la conquête de terres vierges qui ne sont pas entrées jusqu'ici dans les partages de la famille humaine, s'ils reconnaissent pour limites des parts qu'ils s'assignent la mer ou les grands fleuves, ils ont bien soin de mettre, au milieu même de leurs immenses enclos, les petits cours d'eau, auxiliaires si utiles de leur entreprise. Ainsi, la propriété fait son œuvre et manifeste sa loi.

Mais ce n'est pas sur les premiers essais du travail et de la civilisation que se mesurent les droits de l'humanité. Les plus magnifiques développements de l'ordre social étant dans la destinée de l'homme, il en devait porter en lui-même la loi définitive. Et c'est en vertu de cette loi que, si la mer et les grands fleuves sont encore aujourd'hui dans le même état d'indépendance qu'à la première origine des sociétés, les petits cours d'eau sont devenus des biens sujets à l'appropriation, en même temps qu'ils devenaient des agents de l'industrie agricole et manufacturière. Et c'est en vue de cet état, ou, si l'on veut, de ce progrès de la puissance humaine, que le Code civil a disposé.

A la différence des lois romaines, qui mettaient indistinctement au nombre des choses communes les eaux courantes, de même que l'air et la mer, le Code civil les a considérées dans leurs rapports avec le sol, eu égard à l'utilité qu'il appartient aux riverains, et aux riverains seuls, de tirer de leurs divers emplois. Là est clairement écrite la solution de notre question.

Pourquoi ces jurisconsultes, qui nient que les petites rivières soient susceptibles d'appropriation, ne parcourent-ils pas quelques-unes de ces vallées où les travaux de l'agriculture et ceux des usines développent à l'envi les éléments divers de la richesse sociale? Ils verraient là l'industrie se révéler par ses œuvres, la propriété naître du travail et la puissance donner la mesure certaine du droit.

Aujourd'hui, l'eau est livrée aux usines. La voilà qui, en s'approchant de la roue qu'elle doit mettre en mouvement, ralentit son cours. Soumise à un niveau invariable, mesurée en un volume fixe, produisant une force déterminée d'avance et qui restera constamment la même, porte-t-elle assez manifestement l'empreinte de l'intelligence de l'homme? A sa volonté, elle anime tous les engins qu'il a disposés, ou plutôt elle est devenue elle-même le plus docile comme le plus puissant des engins. Et ce qu'un propriétaire la contraint de faire ici, un autre le lui fera faire là-bas, plus loin, plus loin encore, et ainsi de suite. Elle n'échappera à cette servitude qu'en se jetant au sein des grands fleuves ou de la mer.

Demain, l'agriculture à son tour prendra possession de son esclave. Du bassin supérieur où elle est retenue, l'eau se divise en portions déterminées. Chacun obtient sa part précise, comme il a sa part de terre au soleil, et, entre les mains de chaque propriétaire, cette portion, conduite par des rigoles sur le faîte des prairies, se répartit le long des pentes en filets imperceptibles, qui ne pénètrent que la couche supérieure du sol, et retombent dans les canaux d'égout : tout est imprégné ; rien ne reste inondé. L'arrosoir dans la main du jardinier ne mesure pas les eaux aux plantes avec plus de précision et d'intelligence.

Dans cet emploi, qu'est devenue la rivière publique ? Regardez : son lit est vide, et ces eaux, que vous disiez communes, les voilà, si le ruisseau est faible et la prairie étendue, absorbées maintenant au service d'un seul.

Qu'on voie donc ces choses, et qu'on dise si les eaux qui fonctionnent avec cette régularité dans les artifices d'une usine, ou qui s'incorporent si intimement au sol, n'ont pas été, à juste titre, considérées par le législateur français comme accessoires des héritages qu'elles traversent, accessoires de la terre, et, dès lors, comme la terre, objets légitimes d'appropriation et de saisine.

C'est ce que M. l'avocat-général Hello a exprimé en très-beaux termes dans une dissertation sur l'*inviolabilité du droit de propriété*, qu'il vient de publier (1).

« Toutes les choses de la nature sont au nombre des biens, dit ce jurisconsulte publiciste ; c'est la règle générale, et l'homme la sait par instinct. Il faut en distraire les choses communes, celles dont l'art. 714 du Code civil dit qu'elles n'appartiennent à personne, et que l'usage en est commun à tous ; c'est l'exception. Cependant, qu'on n'étende pas trop loin cette exception ; qu'on se tienne en garde contre la vicieuse classification des choses dans le droit romain, et surtout contre un texte des Institutes (2), qui classe l'eau courante parmi les choses

---

(1) *Revue de Législation*, mai 1845.

(2) *Naturali jure communia sunt omnia hæc : aer, aqua profluens et mare et per hoc littora maris.* Inst., *lib. 2, tit. 1, de Rer. div.*

communes, et l'assimile, sans aucune différence, à l'air et à la mer. Cette décision est fausse dans sa généralité, et fait tort au domaine de l'homme, en lui retirant ce qui évidemment lui appartient. On s'explique pourquoi l'air et la lumière sont déclarés choses communes : Dieu nous les a versés avec une profusion telle qu'ils ne peuvent jamais manquer à personne par la faute de la nature. Ils ne sont donc pas appropriables, car l'appropriation de l'un est l'exclusion de tous les autres, et l'exclusion ne se peut dans les choses communes. Mais, si chacun a sa part de l'atmosphère et sa place au soleil, l'eau ne coule pas toujours pour tout le monde ; elle peut ne pas suffire, elle peut manquer tout à fait et sa pénurie devenir une calamité. Elle est donc appropriable, puisqu'elle est l'objet d'une jouissance exclusive pour les uns, d'une privation pour les autres, d'une concurrence pour tous. Qu'importe qu'elle ne puisse se fixer comme un corps solide ? Chaque bien a son genre d'utilité : celle de l'eau courante est précisément dans sa nature mobile et fugitive, sans laquelle elle ne servirait ni de moyen d'irrigation ni de force motrice. Le Code civil, dans ses dispositions imparfaites sur les cours d'eau, qu'il considère moins comme des biens que comme des servitudes, les régit cependant comme des dépendances du sol, et s'écarte en cela des Institutes. »

M. Championnière, le savant auteur du *Traité* et du *Dictionnaire des Droits d'Enregistrement*, a en ce moment sous presse un ouvrage intitulé : *Du Droit des Riverains à la propriété des Eaux courantes ;* et déjà, par un fragment de cette dissertation (1), on a pu apprécier les preuves sur lesquelles reposent irrésistiblement ses conclusions. Les auteurs qui attribuent à l'État la disposition des eaux courantes, soit à titre de propriété, soit comme choses qui n'appartiennent à personne, placent le fondement de ce droit éminent dans le berceau de la féodalité. C'est là même que M. Championnière est remonté, avec cette richesse d'érudition et cette sûreté de critique qui le distinguent. Il démontre que les anciens coutumiers n'attribuaient pas aux seigneurs la propriété des rivières coulant dans leurs fiefs, mais qu'ils spécifient seulement, comme attributs et dépendances du domaine direct, des droits de pêche, de moulin, d'arrosage, d'alluvion ou de police, véritables servi-

---

(1) *Revue de Législation*, tom. 21, p. 5.

tudes dérivant de la supériorité féodale, et dès lors abolies, avec le domaine direct, par les lois de 1789.

Ce point de vue est d'une évidente justesse. M. Championnière a apporté, spécialement pour le droit *de défends de pêche*, une série de pièces justificatives contemporaines de l'établissement même des fiefs ou des siècles qui ont suivi immédiatement cet établissement. Pour les autres droits établis par les seigneurs sur les rivières qui appartiennent à leurs vassaux, les preuves ne manqueront pas davantage au savant jurisconsulte.

Comme complément de celles qu'il a déjà produites, j'indiquerai l'article suivant de la Grande-Charte d'Angleterre : « *Nulla riparia defendatur de cætero, nisi illæ quæ fuerunt in defenso tempore Henrici regis, avi nostri, et per eadem loca et eosdem terminos qui esse consueverunt tempore suo.* » Evidemment les barons qui ont dicté cette charte au roi Jean, si celui-ci eût été propriétaire des cours d'eau qu'il mettait en défends, n'auraient pas prétendu entraver l'exercice de ses droits de propriété. Mais c'est parce que les défends étaient publiés sur les rivières pour la pêche, comme sur le reste du territoire pour la chasse, frappant d'interdit les propriétés privées au profit du roi, que les barons demandaient la suppression ou du moins la restriction d'une servitude aussi injuste dans son principe qu'onéreuse et tyrannique dans ses effets.

Ce texte vient donc à l'appui de tous ceux que M. Championnière a cités ; et, comme en Angleterre le droit n'a pas changé depuis la Grande-Charte, et que les rivières appartiennent aux riverains (1), il en résulte évidemment que le droit de défends

______

(1) « Les rivières d'eau douce quelconques appartiennent de droit commun aux propriétaires du sol adjacent. Les propriétaires d'une rive ont, de droit commun, la propriété du sol de ce côté, et par conséquent le droit de pêche *usquè ad filum aquæ*. De même les propriétaires de l'autre rive ont le droit inhérent au sol, c'est-à-dire la propriété et la pêche *usquè ad filum aquæ*. Et, si le terrain des deux rives appartient à la même personne, cette même personne est présumée propriétaire unique de toute la rivière, et, par conséquent, du droit de la pêche sur toute la longueur du terrain lui appartenant qui borde la rivière. Cela est d'accord avec la jurisprudence générale et constante. » Lord Hale, *de Jure maris, cap.* 1, — « Il serait étrange que le droit de propriété pût s'asseoir sur une chose si fugitive qu'elle a disparu en moins de temps qu'on n'en met à prononcer *meum, tuum, suum*. Les daims, les lièvres et les lapins des forêts, non plus que les poissons des eaux courantes, ne peuvent être revendi-

n'était qu'une servitude établie sur la chose d'autrui, et qu'il est impossible, comme le faisaient les feudistes avant 1789, de conclure des droits de banalité sur les rivières au droit de propriété. C'est tout le contraire qu'il fallait en déduire, puisque le droit de propriété et le droit de servitude s'excluent réciproquement. *Nemini res sua servit.*

M. Rives (1) est tombé dans cette erreur, de considérer comme consacrant les droits de pleine propriété des seigneurs, les coutumes qui énoncent les prérogatives féodales sur les petites rivières. Il cite spécialement la coutume de Normandie, dont l'art. 206 porte : « Le seigneur peut détourner l'eau courante en sa terre, pourvu que les deux rives soient assises en son fief, et qu'au sortir d'icelui il les remette en leur cours ordinaire, et que le tout se fasse sans dommage d'autrui. » Mais, précisément, cet article est un de ceux qui viennent justifier l'aperçu de M. Championnière. Aussi, Basnage, le plus savant des commentateurs de la coutume, n'en a-t-il pas déduit la propriété des seigneurs. Il n'en a déduit qu'un attribut du domaine direct. « Les seigneurs féodaux, dit-il dans cet article, ont souvent tâché d'usurper beaucoup de choses contre le droit commun, la liberté et la commodité publique, et, quoiqu'il ne dût être permis à personne de changer le cours des rivières, néanmoins ils se sont conservé le pouvoir de détourner l'eau courante en leurs terres, pourvu que les deux rives fussent assises en leurs fiefs, et qu'au sortir d'iceux ils les remissent en leur cours ordinaire, et que le tout se fasse sans dommage

qués à titre de propriété, et cependant ce sont choses moins mobiles que les eaux courantes elles-mêmes. Je pense donc qu'en prenant *aqua* pour l'eau courante considérée isolément, elle ne peut être l'objet d'un droit de propriété. Mais, en la considérant comme accessoire du sol, en confondant par la pensée l'eau courante et le lit qui la contient, la propriété de l'un entraîne celle de l'autre. » Robert Callis, *Statute of Sewers, Lect. sec.,* p. 97. — « Si l'eau coule au travers d'un terrain, quoiqu'elle conserve le nom d'eau courante, elle est effectivement identifiée avec la propriété qu'elle traverse, parce qu'elle passe sur le sol, *et cujus est solum, ejus est usquè ad cœlum...* » « Les rivières sont ou publiques, quand, de droit commun, la navigation y est exercée, et alors le roi ou le lord est propriétaire du lit; ou privées, le lit étant la propriété de celui qui possède le sol des deux côtés ou, *ad medium filum aquœ,* celle de chaque propriétaire riverain, si les deux rives n'appartiennent pas à la même personne. » Woolrich, *Law of Waters,* ch. 7.

(1) *De la Propriété du cours et du lit des Rivières,* etc., p. 39.

d'autrui. En ce cas, ce *droit seigneurial* n'est pas odieux.... Le seigneur féodal ne peut détourner que les ruisseaux et les petites rivières lorsqu'elles sont dans l'étendue de son fief, parce que la *seigneurie directe* lui en appartient en quelque façon. » Le témoignage de Basnage vaut mieux à lui seul que celui de tous les feudistes qui, comme Lapoix de Fréminville, ayant mis leur plume au service des seigneurs, étaient parvenus à dénaturer presque entièrement le droit primitif des fiefs.

Il demeure donc bien démontré que l'abolition de la féodalité a fait rentrer les riverains dans la plénitude de leurs droits. Le Code civil les leur a confirmés par cela seul qu'il n'a attribué au domaine national que les cours d'eau navigables et flottables, et, s'il a mis des conditions à l'exercice de ces droits, il n'en faut pas conclure, avec M. Proudhon, « qu'il n'a pas regardé les riverains comme propriétaires, parce qu'il serait absurde d'accorder à quelqu'un le droit de se servir de sa chose (1). » Il faut en conclure seulement qu'à raison de la nature spéciale de cette propriété, à raison des jouissances communes qui se rattachent aux eaux, et des inconvénients qui peuvent en résulter pour le public, les droits des propriétaires ne peuvent pas être absolus dans leur exercice, et que le pouvoir réglementaire peut intervenir pour leur imposer des obligations de police. Et jamais, en aucune matière, on n'a pu argumenter des conditions apposées, par voie de police, à l'exercice des droits de propriété, pour nier l'existence de ces droits.

62 — Dans le *Traité des Cours d'eau*, nous avons exposé les bases du pouvoir réglementaire qui appartient à l'administration sur les cours d'eau non navigables ni flottables (2). Spécialement, pour l'exercice des droits d'irrigation, nous avons traité toutes les questions qui naissent du conflit des droits de propriété des riverains avec les droits de police (3). Nous ne reviendrons pas ici sur ce sujet.

Nous donnerons seulement quelques extraits du rapport de M. Passy, où les droits de l'administration ont été caractérisés avec une grande justesse de pensée et d'expression, et une partie de la discussion à la Chambre des Pairs.

(1) *Du Domaine public,* n° 955.
(2) V. n°ˢ 556 et suiv.
(3) V. n°ˢ 580 et suiv.

« Sur les cours d'eau trop faibles pour servir à la navigation et au flottage, l'État ne s'est réservé que des droits généraux de police ; les riverains en ont la possession collective ; tous sont libres de s'en servir pour l'irrigation des propriétés contiguës, et ceux qui possèdent les deux rives ne rencontrent, dans l'usage qu'ils en font, d'autre limite que l'obligation de les rendre, à la sortie de leurs domaines, à leur lit naturel.

» ..... Mais, comme nul ne doit absorber ou appauvrir, à son profit exclusif, une propriété commune, l'administration supérieure, tutrice légale des biens et des intérêts collectifs, garde, avec la police de ces eaux, le droit de déterminer la manière de s'en servir, et d'imposer des règlements particuliers et locaux dont les tribunaux, en cas de contestation entre les usagers, sont tenus de maintenir l'observation....

» Ainsi que le dit expressément l'art. 5 du projet de loi, il n'est dérogé en rien aux lois qui règlent la police des eaux, et l'administration n'est menacée de perdre aucun des pouvoirs qu'elle a exercés jusqu'ici. La tutelle dont elle est investie, le droit d'imposer des règlements particuliers et locaux que les tribunaux ont à observer dans les jugements qu'ils prononcent, tout cela subsiste, et nous ne voyons pas qu'il y soit porté la moindre atteinte. C'est l'administration supérieure qui, à l'avenir comme dans le passé, surveillera l'usage des eaux dont la propriété est collective ; c'est elle qui les répartira entre les riverains, qui ordonnera l'entretien des berges et exigera les curages. Seulement, s'il arrive que les eaux, devenues plus précieuses, soient plus recherchées, elle aura à multiplier ses soins; et son action, bien loin d'être amoindrie, y gagnera en étendue et en utilité.

» ..... Aujourd'hui l'administration, en imposant des règlements locaux dans l'intérêt collectif des riverains, assigne à chacun sa part à la propriété commune, et distribue en réalité les titres en vertu desquels a lieu l'usage des eaux. Quant aux tribunaux, ils n'ont pas à discuter les règlements; ils en maintiennent l'exécution, et ils n'ont ainsi à statuer au fond que sur des plaintes pour dommages causés à la propriété par les empiétements que se permettent sur les droits d'autrui ceux qui tentent d'abuser des titres définis et limités par l'autorité légale. Voilà la règle posée par l'art. 645 du Code civil. »

Dans le cours de la discussion devant la Chambre, une interpellation de M. de Barthélemy et une réponse de M. Passy ont encore indiqué les bases et les applications du pouvoir réglementaire de l'administration.

M. le marquis de Barthélemy... : « Les eaux mal dirigées, au lieu d'être un bienfait, peuvent devenir un fléau. D'un autre côté, par cela même qu'elles forment un élément de richesse, elles donnent lieu à un grand nombre de contestations parmi les gens qui y ont des droits. C'est à l'administration, chargée de la tutelle des intérêts généraux, qu'est réservé le droit d'intervenir pour faire la part de chacun. — Sans doute son concours est inutile quand il s'agit des eaux de source qui constituent une propriété privée ; mais elle est appelée à jouer le plus grand rôle relativement aux eaux dérivées des petites rivières. C'est à elle à fixer le périmètre des terrains ayant droit d'être arrosés par ces cours d'eau ; ce sont les terrains riverains. Par *terrains riverains*, on n'entend pas seulement ceux qui touchent à la rivière, mais tous ceux qui sont le produit des alluvions de la rivière, qui, par conséquent, ont la même pente et font partie de la même vallée (1). — Les terrains qui ne font pas partie de la vallée, les terrains que la rivière elle-même n'a pas formés ne sont pas des terrains riverains. Il y aurait abus, si un propriétaire profitait d'une langue de terre qu'il posséderait au bord d'un ruisseau pour en détourner le cours. Mais, parmi tous les propriétaires de terrains riverains, il y a des parts à faire à chacun ; il y a des concessions à faire. Ces concessions étaient faites autrefois par les seigneurs. Aujourd'hui, c'est l'administration qui a le droit et le devoir de veiller à la bonne distribution des eaux ; c'est elle qui a hérité des droits attribués autrefois aux seigneurs et aux Parlements (2).

---

(1) L'art. 644 n'admet pas avec cette extension la théorie de M. de Barthélemy ; il limite le droit à l'usage des eaux au profit de ceux dont la rivière borde ou traverse les fonds, parce que ce sont eux surtout qui sont exposés aux inconvénients de ce voisinage. L'administration ne pourrait, par un règlement, admettre au bénéfice de l'irrigation d'autres terrains que ceux dont le Code civil consacre les droits. L'administration, en cette matière, ne *crée* pas des droits, elle *règle* l'exercice des droits préexistants, consacrés par le droit commun.

(2) L'administration a hérité du pouvoir réglementaire des Parlements, mais non pas du pouvoir de concession des seigneurs ; et cela est manifeste, car ce pouvoir de concession dérivait du droit de propriété des cours d'eau, affecté par les anciens seigneurs, droit de propriété que nos lois nouvelles n'ont pas transféré à l'État.

Aujourd'hui, les tribunaux n'interviennent qu'autant que l'administration n'a pas usé du droit qui lui appartient de faire des règlements ; dans tout autre cas, leur rôle se borne à en prescrire l'exécution. Cela est tout simple ; car il s'agit à la fois ici des intérêts généraux et des intérêts locaux ; il s'agit de régler l'avenir, de statuer entre présents et absents. Or, l'autorité judiciaire est incompétente pour statuer en pareil cas. Vous voyez les graves motifs qui ont porté le législateur de 1790 à statuer que l'administration aurait la surveillance générale des eaux, et serait tenue de diriger toutes celles de chaque territoire vers un but d'utilité générale, d'après les principes de l'irrigation. C'est en conformité de cette loi que l'administration a fait jusqu'à présent tous les règlements des eaux. L'intention des auteurs du projet, je le sais, n'est pas de lui enlever cette attribution ; mais je craindrais qu'elle n'eût, en fait, un résultat funeste, suivant moi, celui d'atténuer ce droit. J'avoue que j'aurais besoin d'être rassuré à cet égard par la Commission. Je ne veux pas proposer d'amendement à un projet de loi que je considère comme un acheminement à une législation sur les cours d'eau et sur les irrigations, législation que depuis longtemps j'appelle de tous mes vœux. Je n'en proposerai point ; mais je ne ferai pas moins observer à la Chambre que l'art. 1er, notamment, s'exprime d'une manière trop générale quand il dit : « Tout propriétaire qui voudra se servir, pour l'irrigation de ses propriétés, des eaux naturelles ou artificielles dont il a le droit de disposer, pourra obtenir le passage de ces eaux sur les fonds intermédiaires, à la charge d'une juste et préalable indemnité. » — Je voudrais que l'administration intervînt pour fixer les quantités d'eau que chaque propriétaire sera admis à prendre dans la rivière ; car ne pourrait-il pas arriver, en définitive, si cette loi reçoit de fréquentes applications sans le concours de l'administration, qu'un riverain prenne tout et ne laisse rien à l'autre ? Un cours d'eau parcourt souvent le territoire de plusieurs communes. Ne faut-il pas faire la part des propriétaires supérieurs et des propriétaires inférieurs ? N'est-ce pas à l'administration à la faire, et ne sera-t-elle pas gênée par les attributions que chacun se sera faites à lui-même, s'il s'établit beaucoup de prises d'eau sans son concours, conformément au projet ? N'est-ce pas aussi à elle à régler les intérêts presque toujours opposés des riverains et des usiniers, en ce qui concerne l'emploi et la distribution des eaux? — Je crois que les irrigations doivent être préférées à l'industrie. L'industrie ne doit venir qu'au second rang; car, après tout, les irrigations n'ont lieu que pendant trois ou quatre mois de l'année. Les usines profitent de l'eau pendant tout le cours de l'année ; mais il ne doit point dépendre des propriétaires seuls, par des prises d'eau multipliées et souvent mal combinées, de priver les usines de tout aliment: raison de plus pour que la part de chacun soit faite par l'administration. Je ne crois pas que ce droit soit mis en question ; mais j'aurais aimé, je l'avoue, qu'après ces mots : « *des eaux dont il a le droit de disposer,* » l'article contînt ceux-ci : « *dont la quotité, s'il s'agit d'eaux à prendre dans un cours d'eau public, sera déterminée par l'administration.* » — Je ne propose pas cette insertion à titre d'amendement, mais j'entendrai, je l'avoue, avec plaisir toutes les observations que la Commission pourra me faire, soit pour me rassurer complétement, soit pour fortifier de plus en plus le droit et le concours, indispensables en cette matière, de l'administration (1).»

M. le Rapporteur : « Je prie la Chambre de bien remarquer que, dans le projet de loi, il n'est dérogé en rien à aucun des principes du Code civil, ni à aucun des usages actuellement existants. Quelle est la loi ? L'article 644 du Code civil dit que les riverains auront le droit d'user des cours d'eau non navigables ni flottables qui bordent leur propriété. — Maintenant, qui est-ce qui, dans l'usage actuel et aux termes mêmes des lois, fait la dispensation des eaux? C'est l'administration, toutes les fois qu'il lui convient. L'administration a le droit de faire des règlements locaux et particuliers que les tribunaux sont tenus d'observer. — Le projet de loi, tel qu'il est soumis à la Chambre, ne touche à aucune de ces dispositions. L'administration conserve tous ses droits; et, quand il lui convient, elle fait des règlements. S'il arrive qu'à raison de la faculté conférée aux propriétaires riverains de dériver les eaux pour les transporter ailleurs, il se passe sur les cours d'eau des embarras qui ne se sont pas encore présentés, il est du devoir de l'administration de les prévenir. Nous l'avons dit dans le rapport. — Quant à la question de propriété, nous n'y avons pas

(1) *Moniteur,* n° 110.

touché. Mais, que la Chambre le remarque bien, ce que les riverains ont, c'est un droit d'usage conféré par le Code ; ce droit d'usage, ils ne peuvent s'en servir que de la manière prescrite par l'administration elle-même, quand il y a un règlement ; car, en l'absence de règlement, les tribunaux peuvent régler les possessions de chacun. Ainsi, il en résulte que l'administration fixe la manière dont on peut user des eaux ; elle fait la part des irrigations, et elle est en droit de déterminer quelles seront les quantités afférentes à chaque riverain. — C'est la situation actuelle, à laquelle le projet ne touche en rien. Par conséquent, aucune des objections de M. le marquis de Barthélemy n'atteint le travail de la Commission ni le projet de loi. L'administration garde tous ses droits ; nous n'y touchons en aucune manière, et, du droit de dériver des eaux, ne résultera pour les riverains aucune faculté nouvelle, aucun droit nouveau. L'administration sera là, elle sera appelée à faire de nouveaux règlements ; M. le ministre de l'intérieur aura des instructions à donner aux préfets ; il aura à s'entendre avec son collègue, M. le ministre des travaux publics. Je crois qu'il sera bon que l'administration surveille l'usage des eaux, qu'elle fasse des règlements d'eaux. — Mais, je le répète encore une fois, parce qu'il est essentiel que cela soit bien entendu, nous ne créons aucun droit nouveau, quant à la propriété des eaux ; nous ne créons aucun droit nouveau, sauf le droit de passage sur le fonds d'autrui. — L'administration garde tous ses pouvoirs, et c'est à elle à en faire usage ; autrement elle manquerait à ses devoirs. »

M. le marquis de Barthélemy : « Il était bon que cela fût bien entendu. Je suis satisfait de l'explication de M. le rapporteur ; mais il suffit de s'être occupé de questions de cours d'eau dans sa vie, pour reconnaître combien l'intervention de l'administration est nécessaire dans presque tous les cas. Je ne saurais trop engager M. le ministre de l'agriculture, qui désire sincèrement l'accroissement des irrigations en France, à demander à son collègue, M. le ministre des travaux publics, de presser les ingénieurs à multiplier les règlements d'eau ; il serait à désirer qu'il en existât pour toutes les petites rivières ; ils sont indispensables pour prévenir le gaspillage de l'eau, au grand détriment de l'agriculture, et pour éviter les procès. Il ne faudrait pas que les dispositions que nous allons adopter pussent faire considérer leur intervention comme moins nécessaire et moins fréquente. »

63 — Peut-être, en conviant l'administration à ne pas délaisser l'exercice de ses droits de police, aurait-il été bon de rappeler expressément sur quelles bases essentielles et dans quelles limites ce pouvoir doit s'exercer.

L'industrie agricole, consommant quelquefois en totalité et toujours en grande partie les eaux qu'elle dérive, provoque, par cela même, d'une manière plus spéciale encore que l'industrie manufacturière, la surveillance de l'administration, afin que quelques-uns ne puissent pas appliquer à leur profit exclusif ce qui est le bien commun à tous.

Nul doute que l'administration peut intervenir d'office pour faire, entre les riverains, un règlement de répartition des eaux, et il est vrai de dire alors qu'elle distribue à chacun son titre sur l'usage de la rivière. Mais le droit de chacun ne dérive pas de ce titre : il est seulement réglé par ce titre. L'administration ne crée pas le droit ; elle le reconnait et le classe ; et la preuve, c'est qu'elle ne pourrait pas admettre au partage un propriétaire qui ne se trouverait pas dans les conditions de l'art. 644.

Cette nécessité légale imposée à l'administration de ne pouvoir admettre au bénéfice du partage que des droits qui préexistent à ses règlements, démontre manifestement, d'une première part, que les eaux des rivières non navigables ni flottables n'appartiennent pas à l'État, et, d'une autre part, que ces eaux ne sont pas *res nullius*. Elles sont la propriété, le domaine commun des riverains. « Par la pente qu'a tout cours d'eau, il appartient *successivement et tout à la fois* à tous les terrains qu'il parcourt (1). » Et voilà pourquoi l'administration n'en peut régler le partage qu'entre les propriétaires riverains exclusivement.

64 — Dans certains pays, c'est de l'absence de règlements qu'on souffre ; dans d'autres, on souffre des règlements qui ne sont plus en rapport ni avec les possessions agricoles ou industrielles qui se sont assises sur les cours d'eau, ni avec les

______

(1) Pecquet, *Lois forestières*, tom. 1, p. 639.

méthodes reconnues aujourd'hui les meilleures pour la pratique des irrigations.

Que dire, par exemple, d'un règlement qui prescrit que les prises d'eau, ouvertes sur la rivière, seront espacées entre elles de 78 mètres, et que le seuil des vannes sera de 50 centimètres plus élevé que le sol gravier de la rivière... (1)? L'emplacement de la prise d'eau dépend essentiellement des pentes suivant lesquelles l'eau peut être amenée et rendue, et les pentes sont très-inégalement réparties le long des cours d'eau. Il se peut aussi qu'une prairie n'ait pas 78 mètres de front sur la rivière. Enfin, quand la rivière est saignée, aux jours d'irrigation, sur tous les points de son cours, la nappe d'eau qui reste dans son lit peut n'avoir pas 50 centimètres d'épaisseur, et, dès lors, pas une goutte d'eau ne pourra pénétrer dans les rigoles, si le seuil est placé à pareille hauteur.

Certains règlements portent d'une manière absolue que, pendant les jours consacrés à l'irrigation, les usines doivent être arrêtées.... Pour quel but cette interdiction contre les manufacturiers? Ils n'emploient que les eaux non utilisées par les propriétaires supérieurs, et ils les rendent, immédiatement et sans aucune déperdition, à la disposition des propriétaires inférieurs. S'il reste assez d'eau dans la rivière pour faire tourner leur roue, pourquoi leur refuser ce moyen de travail? Quand même il n'en resterait pas assez pour animer leurs ateliers, il y a certaines préparations, certains *repassages* d'outils qui n'exigent pas toute la force motrice et qu'on est dans l'usage d'opérer pendant les temps de chômage. Leur interdire pareille faculté, c'est imposer une gêne à l'industrie sans aucun profit pour l'agriculture.

Un règlement tout récent du préfet de l'Eure porte : « On ne pourra établir de rigole parallèle à la rivière qu'à trois mètres au moins du bord, afin d'empêcher les infiltrations et pertes d'eau. Toutes celles qui ne seront pas à cette distance seront bouchées sur toute leur longueur, lorsque le niveau des eaux ordinaires se trouvera plus élevé que le fond de ces rigoles. » C'est sacrifier les prairies aux usines. Le relèvement du niveau des eaux dans les rivières cause des infiltrations dont l'effet, en abreuvant constamment la terre jusque dans les couches

---

(1) Règlement pour les rivières d'Eure et d'Iton du 12 mai 1843.

inférieures, favorise la croissance des roseaux et des plantes de marécage. Le moyen pour l'agriculteur de préserver sa prairie, c'est de creuser parallèlement à la rivière un contre-fossé qui intercepte les infiltrations et ne détourne pas d'ailleurs les eaux, puisqu'il rend dans le bief d'aval celles qu'il recueille. Le règlement ci-dessus ôte aux propriétaires de prairies ce moyen de préservation.

Certains règlements défendent les irrigations pendant la nuit..... Prohibition justifiée lorsque les seules usines étaient des moulins à blé ou à huile marchant jour et nuit. Mais lorsque les usines établies sur un cours d'eau ne marchent que de jour, pourquoi refuser à l'agriculture les eaux pendant la nuit, et les laisser couler pendant ce temps à pure perte pour tout le monde? Conduites sur les prairies pendant la nuit, ce qui serait rendu le matin, comme d'une réserve, se joignant au produit habituel des sources, augmenterait d'autant le volume alimentaire des usines.

Certains règlements ne permettent de prendre l'eau dans les rivières pour l'irrigation que du 21 mars jusqu'au 23 juin, et du 23 juillet jusqu'au 22 septembre.

C'est n'avoir prévu que l'irrigation d'été, tandis que les eaux peuvent être utilement amenées sur les terres dans toutes les saisons, même en hiver, comme moyen d'amendement. L'emploi des eaux troubles pour le *colmatage* des bas-fonds doit être pratiqué hors du temps de la végétation. Mais indépendamment de ce mode, qui paraît encore peu usité en France, les eaux peuvent être, dans les intervalles de la culture, conduites sur le sol pour l'amender en y déposant les différentes matières qu'elles tiennent en état de suspension ; et le système de prohibition que je viens de rappeler enlève à l'agriculture tout moyen d'utiliser ces précieux engrais que les cours d'eau charrient incessamment vers la mer, où ils forment ces dépôts d'alluvions qui obstruent l'embouchure de nos fleuves.

A ne considérer d'ailleurs que l'aménagement des prairies, ce n'est pas seulement en été qu'il importe d'y conduire les eaux : l'eau répandue sur les prairies en hiver fait périr le jonc et les plantes bulbeuses, tandis qu'elle conserve les racines tendres et les feuilles des graminées, en les garantissant des effets du froid. Au printemps, l'eau détruit les mousses. En toute saison, elle fait fuir les taupes et périr les hannetons (1).

Et quand même il y aurait des motifs pour ne pas permettre l'irrigation du mois de septembre au mois de mars, il ne faudrait pas, pour toutes les propriétés d'une vallée, établir une invariable uniformité de prescription pour l'usage des eaux d'irrigation du mois de mars au mois de septembre.

L'arrosage, plus habilement conduit, peut amener plus hâtivement la maturité de la prairie, et, par suite, la récolte. Par suite encore, il importe de pouvoir remettre plus tôt l'eau dans la prairie pour développer les regains; et, avancer la production des regains, c'est, dans certains pays du Nord, le seul moyen d'assurer cette seconde récolte, si souvent empêchée par la saison des pluies.

Il importerait donc grandement de substituer à une règle générale, qui tend à sacrifier les propriétaires intelligents et actifs à ceux qui ne font aucun effort d'amélioration, une règle qu'on puisse approprier aux situations particulières de chacun des intéressés.

Et il en est ainsi sur beaucoup d'autres points : l'uniformité de condition entre tous les propriétaires riverains d'un cours d'eau, sans égard aux circonstances diverses de position, n'est qu'une uniformité de gêne, et, sous prétexte d'égalité, un obstacle à tout progrès et une source d'inégalités trop réelles.

Les règlements généraux devraient se borner à instituer des commissions syndicales sur chaque rivière, en déterminant soigneusement les attributions de ces commissions. Ces commissions appliqueraient ensuite, pour ainsi dire, sur le terrain et en considération des nécessités ou des convenances locales, les règles à suivre dans l'usage et le partage des eaux.

65 — Dans la disposition des eaux des sources, des lacs et étangs renfermés dans les propriétés particulières, des eaux pluviales recueillies dans des réservoirs et des eaux obtenues à l'aide des puits artésiens, l'administration n'a pas à intervenir par voie de règlement (2), du moins en tant qu'il s'a-

---

(1) Voyez les diverses opinions d'agronomes citées dans le *Nouvel Essai sur l'irrigation des prairies*, par Léorier.

(2) V. le *Traité des Cours d'eau*, n° 794.

girait d'assigner les parts du propriétaire principal ou de ses
co-participants. Il ne s'agit pas, en effet, d'assurer la meilleure
répartition d'une richesse publique, d'empêcher que les propriétaires inférieurs soient frustrés par ceux auxquels leur position permet de puiser d'abord dans le domaine commun ; il
s'agit d'une propriété privée. Les tribunaux sont compétents
pour déclarer s'il y a lieu à partage, et pour reconnaître les
conditions de ce partage.

M. Dalloz, dans son premier rapport, a professé cette opinion, en disant que « ces eaux constituent une propriété privée dont le propriétaire a le droit exclusif d'user sans nul partage avec ses voisins supérieurs ou inférieurs, et sans aucune
intervention de l'administration supérieure à laquelle la loi a
confié la police des eaux. »

Cependant, il y a une distinction à faire : si l'administration ne peut pas intervenir pour faire la distribution de ces
eaux par voie réglementaire, il est des cas où son droit de police peut avoir à s'exercer, lors, par exemple, que la conduite
de ces eaux est si mal dirigée que leur cours n'est pas assuré,
et qu'il en peut résulter des stagnations dont les émanations
corrompent l'air et nuisent à la salubrité publique ; ou bien,
lorsqu'elles se trouveraient amenées, comme par torrents, sur
une voie publique où elles compromettraient la sûreté des pas-
sants. Il appartiendrait alors au pouvoir de police d'intervenir,
parce qu'il est essentiellement de son devoir de préserver le
pays des inconvénients qui peuvent résulter du mauvais emploi
des eaux.

APPENDICE.

PREMIER RAPPORT

FAIT AU NOM DE LA COMMISSION * CHARGÉE DE L'EXAMEN DE LA PROPOSITION RELATIVE AUX IRRIGATIONS,

Par M. DALLOZ, député du Jura.

SÉANCE DU 29 MARS 1843.

Messieurs,

Quand on se rappelle le soin, en quelque sorte religieux, avec lequel les anciens peuples utilisaient les eaux dans l'intérêt de l'agriculture, et pour peu qu'on veuille observer les heureux résultats de l'irrigation, soit chez des nations modernes qui nous touchent, soit même dans quelques contrées de notre propre territoire régies, à cet égard, par d'anciens usages, on s'étonne que notre législation, en général si progressive, ait si peu fait jusqu'ici pour féconder ce précieux élément de la richesse agricole.

L'abondance des troupeaux, le développement de la race chevaline, et, par suite, l'accroissement des engrais et le bon marché des matières animales sont subordonnés à l'étendue et à la fertilité des prairies ; et la prospérité de ces prairies dépend, à son tour, de la facilité des irrigations, particulièrement dans les régions où la chaleur et l'humidité de la température

Cette Commission est composée de MM. Ternaux, Barillon, Passy (H.) ; Lafont, Benoist, Matter, Dalloz, Bert, Proa.

ont besoin d'être ramenées, par les efforts de l'homme, à un équilibre que la nature ne leur a pas donné.

Depuis quelque temps, on se plaint vivement, en France, de la disproportion des prairies, soit avec la superficie générale des terres labourables, soit avec l'étendue des prés dans presque tous les états d'Europe; c'est à cette insuffisance qu'on attribue une infériorité fâcheuse dans la production des matières animales, infériorité dont l'effet est de nous rendre tributaires de l'étranger pour les besoins de notre agriculture, de notre industrie, de notre armée, et d'élever un objet de consommation de première nécessité à un prix qui en rend l'usage habituel à peu près impossible aux classes laborieuses, à qui ce genre d'alimentation est le plus nécessaire.

Ces considérations ont fixé l'attention des agronomes et des économistes (1); elles ont excité la sollicitude du Gouvernement: ce sont elles aussi qui ont inspiré à notre honorable collègue, M. le comte d'Angeville, une proposition que déjà la Chambre a prise en considération, et qu'elle a renvoyée à l'examen d'une Commission dont je viens vous soumettre le travail.

Une loi générale et complète sur les irrigations serait un grand œuvre; elle demanderait un ensemble de dispositions qui en feraient un véritable code et un code assez étendu. Elle devrait, en effet, embrasser tout à la fois les grands canaux d'irrigation dérivés des fleuves et rivières dépendant du domaine public, les dérivations des cours d'eau ordinaires, les irrigations produites à l'aide des eaux privées, telles que les sources, les étangs, les eaux de pluie et de neige recueillies dans des réservoirs, et, enfin, les eaux souterraines ramenées sur le sol par les puits artésiens. Pour les grands canaux exécutés par l'État ou délégués à des compagnies, elle aurait à organiser un système de répartition des eaux, et à régler les conditions auxquelles elles seraient livrées à l'agriculture. Relativement aux cours d'eau ordinaires, elle aurait à résoudre un grave problème, celui de savoir si ces cours d'eau doivent de-

---

(1) Parmi eux, on doit citer notre honorable et regrettable ancien collègue M. Auguste de Gasparin, M. le comte d'Esterno, qui a pris une honorable initiative dans un écrit fort remarquable qu'il a publié sur les irrigations, et M. Moreau de Jonnès, qui, dans un excellent écrit qui vient de paraître sur la statistique des céréales, réclame l'irrigation même au point de vue de la production du blé dans les départements du midi.

meurer le partage exclusif des riverains immédiatement contigus, ou profiter aussi, comme de bons esprits le demandent (1), à toute propriété, même non riveraine, que son niveau rend susceptible d'irrigation. Cette loi générale aurait enfin à concilier l'intérêt des propriétaires de prairies avec celui des propriétaires d'usines, et à faire prospérer l'agriculture sans préjudicier à l'industrie. L'élaboration d'une semblable loi offre donc, on n'en saurait douter, une tâche immense; et si telle avait été la portée de la proposition de M. d'Angeville, votre Commission aurait certainement manqué du temps nécessaire à son examen.

Heureusement cette proposition est beaucoup moins étendue, et bien que, dans les développements pleins de science et d'intérêt où il est entré, son honorable auteur ait touché presque tous les points du sujet, il est vrai de dire cependant qu'il n'a soumis à vos délibérations qu'une partie de la vaste matière des irrigations. Ainsi, la proposition laisse à l'écart les grands canaux de dérivation entrepris par l'État et par les compagnies sur les fleuves et rivières, le régime de distribution de ces eaux, et toutes les questions qui se rattachent à la propriété, à l'usage et au partage des cours d'eau ordinaires. Elle a seulement pour objet de réclamer, pour les eaux naturelles ou artificielles dont un propriétaire peut avoir le droit de disposer, le droit de conduire ces eaux sur sa propriété, en traversant les fonds intermédiaires qui l'en séparent.

Quoique renfermée dans ces limites, la proposition n'en a pas moins paru grave à votre Commission. Avant d'en commencer l'examen, elle a jugé convenable de s'éclairer sur les dispositions du Gouvernement qu'elle savait s'être préoccupé de la matière des irrigations. A sa prière, M. le ministre, accompagné de M. le sous-secrétaire d'État des travaux publics, et M. le ministre de l'agriculture et du commerce se sont rendus dans son sein.

Les deux ministres ont d'abord exprimé la pensée que le mo-

____

(1) On peut voir sur ce point un rapport fort intéressant fait tout récemment, par M. le conseiller Fournier, à la Société royale d'agriculture, des sciences et des arts de Limoges, à laquelle le Conseil-général de la Haute-Vienne avait renvoyé l'examen des questions posées par M. le ministre de l'agriculture aux Conseils-généraux, en 1842.

ment était venu de songer sérieusement à faire jouir notre agriculture des avantages que l'irrigation procure à des peuples voisins et à quelques-uns de nos départements méridionaux, où elle est pratiquée sous l'empire d'anciennes coutumes locales. C'est dans cette vue que le Gouvernement a consulté les Conseils-généraux de l'agriculture et du commerce, et les Conseils-généraux des départements. M. le ministre de l'agriculture et du commerce s'associe à toute proposition qui pourra réaliser un but aussi désirable. M. le ministre des travaux publics a considéré la question comme susceptible de faire partie du système général qu'il avait voulu embrasser l'année dernière dans le projet de loi relatif à l'endiguement des fleuves et rivières (1). Il a rappelé que le Gouvernement avait plusieurs fois, et tout récemment encore, autorisé l'ouverture de grands canaux de dérivation dans un intérêt général, mais que notre législation n'offrait aucunes règles sur le régime de ces concessions, ni sur les conditions auxquelles les eaux doivent être livrées aux besoins de l'agriculture, et que cette insuffisance de nos lois excitait toute sa sollicitude. M. le ministre a fait observer que la proposition de M. le comte d'Angeville était particulièrement relative aux eaux des petites rivières, des ruisseaux et des torrents, mais qu'auparavant il faudrait résoudre la question de propriété de ces eaux et de leur partage entre les riverains et les propriétaires d'usines. En résumé, sans s'opposer à l'examen de la proposition qu'il a regardée comme un avertissement utile, M. le ministre des travaux publics a paru croire qu'il serait préférable d'embrasser le système dans son entier, et il a annoncé l'intention de présenter un projet dans ce sens au commencement de la session prochaine.

En présence de ces paroles, votre Commission a dû se demander d'abord s'il ne suffisait pas de prendre acte de la promesse du ministre, et d'attendre le projet d'ensemble annoncé. On a fait observer, en faveur de cette opinion, qu'il y aurait peut-être quelque avantage à ne pas scinder une matière dont les diverses parties, bien que distinctes, peuvent avoir besoin d'être coordonnées et mises en harmonie ; que,

(1) Ce projet, présenté à la Chambre des Pairs, a été l'objet d'un savant rapport de M. le comte d'Argout, mais il n'est pas parvenu à discussion.

d'ailleurs, l'ajournement offrait peu d'inconvénients, puisque, d'après les paroles du ministre, la présentation de la loi générale était très-prochaine. Mais votre Commission a pensé qu'il était douteux que le Gouvernement, malgré toute la bonne volonté de M. le ministre des travaux publics, pût se trouver en mesure d'apporter au commencement de la session prochaine une loi aussi étendue, aussi complexe et aussi difficile que celle dont il paraissait avoir conçu l'idée. Elle a considéré, en second lieu, que les grands canaux d'irrigation entrepris par l'État ou délégués à des compagnies, dans un intérêt général, n'avaient rien de commun avec l'usage que peut faire un propriétaire, pour l'irrigation de ses propriétés, des eaux privées provenant de sources, d'étangs, de réservoirs, et, en général, de toutes les eaux naturelles ou artificielles dont il peut avoir le droit de disposer. Relativement même aux petites rivières, aux ruisseaux et torrents, votre Commission n'a trouvé aucune connexion nécessaire entre la question de propriété ou d'usage de ces eaux, et celle qui a pour objet de leur procurer un passage sur le terrain d'autrui, dans tous les cas où cette propriété et cet usage, régis par les art. 644 et 645 du Code civil, ne sont pas contestés. Il a donc paru à votre Commission que, sans apporter aucune innovation à la législation actuelle sur la propriété et l'usage des eaux, elle pouvait très-distinctement examiner la question de savoir si le droit de passage sur le terrain d'autrui, qui est demandé pour les eaux dont un propriétaire peut disposer, et qu'il destine à l'irrigation de ses propriétés, est réellement justifié par les raisons d'intérêt général qu'invoque l'honorable auteur de la proposition. Ces divers motifs ne lui ont pas permis d'admettre l'idée d'un ajournement qui ne saurait être d'aucun intérêt par la facilité qu'aura toujours le Gouvernement de présenter, s'il le juge convenable, une loi générale qui absorbera la proposition, mais qui aurait l'inconvénient grave de différer l'examen d'une mesure réclamée au nom d'un besoin sérieux et urgent.

Pour apprécier la proposition sous ses faces diverses, votre Commission a dû, en premier lieu, se rendre un compte exact de la situation du pays, relativement à l'étendue de ses prairies et à la production des matières animales. Elle a recherché ensuite quelle est, sous ce rapport, l'amélioration à notre situation actuelle qu'on peut se promettre d'une facilité plus grande accordée aux irrigations en général, et en particulier de l'adoption de la proposition. Enfin, elle a examiné dans sa formule et dans ses détails secondaires la mesure qui est l'objet de cette proposition.

Suivant les savantes statistiques de M. Moreau de Jonnès, publiées par M. le ministre de l'agriculture et du commerce, la France possède 25,559,000 hectares de terres cultivées à la charrue, et seulement 4,178,197 hectares de prairies naturelles; c'est, comme on voit, 5 hectares un tiers environ de terre arable pour un hectare de pré : en d'autres termes, nos prairies sont un peu moins du sixième de la surperficie agricole du pays. Si l'on compare cette situation avec celle que présente la statistique des États qui nous environnent, on est frappé de la disparité vraiment énorme que révèle un tel rapprochement. En effet, les prairies naturelles sont en Allemagne, en Prusse, en Autriche, en Danemark, dans la proportion d'un hectare de pré pour trois hectares et demi environ de terre arable; dans le Wurtemberg et en Bavière, on trouve un hectare de pré sur deux hectares et demi de terre labourable : et, en Angleterre (1), ainsi qu'en Hollande, l'étendue superficielle des prairies égale, si elle ne surpasse, celle des terres consacrées à la culture.

Cette infériorité de la France, quant à l'étendue de ses prairies, doit avoir naturellement pour effet d'en amener une à peu près correspondante dans la production des matières animales. Ainsi voit-on, par le mouvement d'importation et d'exportation que constatent les états de l'administration des douanes, que nos exportations en matières animales de toute espèce ne sont que de 16 millions de francs, tandis que nos importations s'élèvent au chiffre considérable de 110 millions, ce qui donne une balance de quatre-vingt-quatorze millions au profit de l'étranger. Dans le relevé statistique entrent les chevaux, dont on voit que de 1823 à la fin de 1841, c'est-à-dire dans l'espace de dix-neuf ans, nous avons importé 380,337, tandis que nous n'en avons exporté que 80,513 ; différence 299,824 têtes, soit en moyenne 15,781 chevaux que l'étranger nous fournit annuellement.

Ces chiffres, exposés déjà par l'honorable auteur de la propo-

(1) Voy. la statistique de l'Angleterre, par M. Moreau de Jonnès, tom. 1er.

sition, mais dont votre Commission a pris soin de vérifier l'exactitude, et qu'elle a rectifiés dans quelques points, n'ont pas besoin de commentaires ; ils en disent plus que toutes les paroles. Ils ne peuvent laisser aucun doute sur l'urgence qu'il y a d'appliquer nos efforts à corriger, autant qu'il est possible, un état de choses qui affecte tout à la fois les intérêts de l'agriculture et ceux du trésor, les besoins de notre consommation et ceux de notre armée, et contre lequel portent en même temps deux des plus grandes nécessités du pays, la nécessité de la défense et celle de l'hygiène publique.

Mais quel est le remède à ce mal ? Peut-on le trouver dans une législation propre à encourager et à faciliter les irrigations, ce principe créateur et vivifiant des prairies naturelles ? C'est le second point que votre Commission a dû examiner. Elle n'oserait affirmer, elle dira même qu'elle ne croit pas qu'un perfectionnement de notre législation sur la matière puisse avoir immédiatement pour résultat de racheter complétement une inégalité qu'elle déplore ; car il faut tenir compte de la différence des lieux et de la nature des climats, et de la diversité des températures ; mais elle n'hésite pas à penser qu'il n'est aucun autre moyen plus propre à approcher du but, sinon à l'atteindre. Il n'est pas besoin, pour se convaincre de cette vérité, de remonter avec un savant ingénieur, auteur d'un ouvrage récent (1), à l'histoire des Chinois et des Persans qui, les premiers avec les Égyptiens, ont pratiqué l'art de l'irrigation, ni aux poètes grecs et romains qui en ont chanté les bienfaits ; il suffit de voir les merveilleux résultats qu'elle a produits en Espagne, dans le Piémont, dans la Lombardie, où les deux grands canaux dérivés du Tessin et de l'Adda, vers la fin du douzième et au commencement du treizième siècle, ont eu pour effet de transformer plus de cent mille hectares de grèves stériles en magnifiques prairies d'une inestimable fécondité. Il suffit de promener ses regards soit sur les rives de la Durance, soit sur cette multitude de petits canaux qui vivifient les belles prairies des

---

(1) M. Nadault de Buffon, chef de la division des cours d'eau au ministère des travaux publics, qui vient de publier le premier volume d'un *Traité théorique et pratique des Irrigations*. L'introduction est un historique fort érudit de l'irrigation chez les anciens, au moyen-âge et dans les temps modernes ; le premier volume renferme la description des canaux d'irrigation de l'Italie septentrionale et du midi de la France. Deux autres volumes sont annoncés.

Pyrénées, dont l'origine et le régime remontent à la domination des Visigoths et des Arabes au moyen-âge, soit enfin sur le département de Vaucluse, dont la prospérité et la richesse datent aussi du système d'irrigation introduit par la législation italienne, quand il dépendait du Comtat-Venaissin.

Il n'est, au reste, qu'un sentiment sur ce point parmi les agronomes, si l'on en juge par les avis des sociétés agricoles et du Conseil-général d'agriculture, consulté par M. le ministre de l'agriculture et du commerce. Dans la séance de ce Conseil, du 11 janvier 1842, l'un de ses membres les plus distingués, notre honorable ancien collègue, M. Auguste de Gasparin, a présenté un rapport dans lequel il s'exprimait en ces termes : « Le bon sens national ne s'est jamais mieux fait sentir que » par le cri unanime *irrigations,* qui est parti de tous les points » du territoire du Midi et de l'Ouest, du Centre et du Nord. » Rapporteur de toutes les pétitions, et accablé par le nombre, » je me vois réduit à formuler un vœu général qui se trouve » lié aux intérêts de tous, qui réponde à cet instinct, à cette » actualité pressante d'un besoin longtemps méconnu qui se » manifeste si vivement aujourd'hui. »

Les Conseils-généraux ont aussi été consultés en 1842 par M. le ministre de l'agriculture. Trente-six de ces Conseils n'ont pas eu le temps d'examiner la question, et se sont abstenus de répondre. Quinze, il est vrai, dont plusieurs représentent les départements peu intéressés à l'irrigation, s'ils n'y ont un intérêt contraire, ne se sont pas montrés favorables ; mais les trente-cinq autres ont partagé l'opinion du Conseil-général de l'agriculture et du commerce. Parmi ces derniers, on remarque le Conseil-général du Rhône et celui de la Seine, dont la délibération, fort bien motivée, est résumée en ces termes : « Le Conseil-» général est d'avis qu'il est d'une haute importance d'encou-» rager par tous les moyens possibles le développement de » l'irrigation ; c'est là qu'il faut chercher le remède au renché-» rissement de la viande. »

Mais la France a-t-elle une quantité d'eau superflue qu'elle puisse consacrer au besoin de l'irrigation ? Suivant l'honorable auteur de la proposition, il faudrait ajouter 2,166,000 hectares de prairies naturelles aux 4,198,197 hectares que nous possédons, pour donner à la France 1 hectare de prairie sur 3 hectares 1/2 de terre labourable ; il ajoute que cette quantité de

nouvelles prairies à créer peut être prise en partie sur les terres
en culture, et le surplus sur les 8 millions environ d'hectares
de pâtis, landes et bruyères que présente notre sol. Il s'attache
aussi à démontrer qu'en admettant, en moyenne, la nécessité
d'un mètre cube d'eau par seconde, pour l'irrigation de 1,000
hectares de terre, on peut aisément, surtout dans l'Est, le Centre et le Midi, où l'irrigation est le plus nécessaire, obtenir soit
des fleuves et rivières sans nuire à la navigation et à l'industrie,
soit surtout des eaux privées, naturelles ou artificielles, une
quantité supérieure aux 2,166 mètres cubes que demanderait
la parfaite irrigation des 2,166,000 hectares de prairies nouvelles dont il croit la création indispensable. Enfin, l'honorable
M. d'Angeville conclut de ces détails et de ces calculs qu'en
réduisant à 100 fr., minimum admis par les meilleurs agronomes, l'accroissement de revenu de chaque hectare converti en
prairie, la création seule des 2,166,000 hectares de prairies nouvelles aurait pour résultat une augmentation de plus de 216
millions de revenus pour la France, sans compter celle que re-
présenterait l'inévitable amélioration des prairies anciennes.

Votre Commission ne croit pas qu'il soit possible de préciser
dès aujourd'hui, avec exactitude, l'étendue des nouvelles prairies dont la France éprouve le besoin ; mais elle est toute portée
à conjecturer, avec l'honorable auteur de la proposition, que
les eaux qui peuvent être dérivées sans nul inconvénient des
fleuves et des rivières qui baignent notre sol, et surtout les
eaux naturelles ou artificielles qui sont une propriété privée,
telles que les eaux de sources, d'étangs, de pluie et de neige,
de puits artésiens, suffisent, et bien au-delà, à l'irrigation des
2,166.000 hectares dont il vient d'être parlé. Non-seulement
les évaluations données par M. d'Angeville à la quantité des
eaux dont on peut disposer pour l'irrigation n'offrent rien d'exa-
géré ; mais si l'on doit s'en tenir aux paroles de notre honorable ancien collègue, M. de Gasparin, dont le nom a tant d'autorité en cette matière, ces évaluations, ainsi que celles relatives à l'augmentation de richesse agricole qui doit résulter des
irrigations, sont fort au-dessous de la réalité ; car, dans son
rapport au Conseil général de l'agriculture qui a été déjà cité,
M. de Gasparin n'hésite pas à dire et à répéter que « les sour-
» ces de nos montagnes et nos fleuves majestueux roulent an-
» nuellement des milliards à la mer, et qu'une pensée et une

» volonté pourraient les fixer sur notre territoire ; » et, plus loin, que le vœu d'une loi sur les irrigations « est un cri de salut » et de rédemption, et que cette loi sera le baptême agricole du pays. »

Ainsi fixée sur les avantages que la France peut obtenir du développement de l'irrigation, avantages qui pourraient être beaucoup moindres que ceux qu'on promet, et mériter encore toute la sollicitude du pouvoir législatif, votre Commission, après avoir donné son assentiment aux considérations générales qui ont inspiré la proposition, est arrivée à l'examen de la proposition elle-même.

On n'en a pas oublié le but, la portée et les termes. Son article unique est ainsi conçu : « Les travaux d'irrigation des » propriétés rurales entrepris, soit collectivement, soit indivi- » duellement, pourront être déclarés d'utilité publique. Cette » utilité sera déclarée dans les formes voulues par la loi du 3 » mai 1841. » Étrangère, comme on voit, aux grands travaux d'irrigation que l'État peut entreprendre ou faire exécuter par des Compagnies dans un intérêt public, elle a uniquement pour objet de faciliter les travaux d'irrigation qu'un ou plusieurs propriétaires peuvent entreprendre dans leur intérêt privé. L'honorable auteur de la proposition assimile ces deux sortes d'entreprises, et demande que le simple particulier soit armé, comme l'État lui-même, du droit d'exproprier, pour cause d'utilité publique, le propriétaire des terrains intermédiaires que ses eaux doivent traverser pour arriver sur sa propriété.

Cette assimilation est-elle admissible? C'est la première question que votre Commission a dû examiner.

A n'envisager que le but qu'on se propose en facilitant les irrigations, on est d'abord disposé à penser que celles entreprises par des particuliers ne sont pas moins dignes d'encouragement que les irrigations exécutées par l'État, ou déléguées par lui à des Compagnies; car elles tendent également, et par un concours d'efforts individuels, qui est le gage d'une grande efficacité, elles tendent également à l'augmentation des prairies, et, par suite, à l'accroissement de production des matières animales qu'on a vu si indispensable, au point de vue de l'inté-- rêt public et social, le plus puissant et le plus impérieux. Mais il ne faut pas oublier que c'est à l'État, à l'État seul, et aux délégataires de sa puissance, que notre droit public a réservé le privilége d'expropriation pour cause d'utilité publique; votre Commission n'a pas pensé qu'une telle prérogative pût être mise à la disposition d'un simple particulier pour une opération privée, si profitable qu'elle puisse être à l'intérêt public. Quoique l'intérêt particulier doive, jusqu'à certain point, être ici considéré comme l'agent de l'intérêt général avec lequel il semble se confondre, ce serait peut-être heurter l'idée qu'on a de l'indépendance de la propriété, et courir le risque d'affaiblir le respect qui lui est dû, que d'instituer une nouvelle cause d'expropriation dont un intérêt privé serait le mobile, et dont une volonté individuelle paraîtrait toujours l'arbitre, malgré l'intervention obligée de l'autorité publique. Pourquoi, d'ailleurs, une expropriation, là où il s'agit seulement d'un passage pour les eaux destinées à l'irrigation? Votre Commission a été unanime pour repousser une innovation si grave en faveur de laquelle elle n'a trouvé aucune analogie dans nos lois anciennes et modernes.

Mais nos lois, et avec elles les législations étrangères, lui ont suggéré l'idée d'une mesure qui s'est aussi offerte à la pensée de quelques Conseils-généraux et de plusieurs écrivains. Elle consisterait à poser en principe que tout propriétaire qui voudrait se servir, pour l'irrigation de ses propriétés, des eaux dont il a le droit d'user, pourrait réclamer le passage de ces eaux sur les fonds intermédiaires, autres toutefois que les habitations et leurs dépendances, moyennant une juste et préalable indemnité. Ce serait la création d'une servitude légale qui offrirait quelque analogie avec la servitude de passage que l'article 682 du Code civil autorise dans le cas d'enclave.

Le principe de ce droit de passage pour les eaux destinées à l'irrigation n'est pas nouveau, du moins dans la législation européenne. Il est écrit en ces termes, dans les constitutions de Catalogne: « Voulons et ordonnons que toutes les fois qu'un » grand ruisseau ou aqueduc pourra avoir un meilleur épan- » choir que dans l'endroit par où il passe d'ordinaire, il soit » permis, sans aucune contradiction, de conduire cet aqueduc » dans tout autre lieu, et de le faire passer par toutes les terres » qu'il conviendra, après avoir toutefois satisfait aux domma- » ges (Constitution VIII, liv. IV, tit. 4). » Ce principe, au témoignage de M. Jaubert de Passa, auteur du mémoire fort

érudit qui renferme le texte qu'on vient de lire, était applicable à plus forte raison à l'établissement d'un nouveau canal
nécessairement plus favorable que le déplacement d'un canal
ancien (1). On voit la même disposition dans la législation de
Lombardie; elle est l'objet des articles 51, 52, 53 et 54 du décret impérial du 2 avril 1804, qui a encore aujourd'hui force
de loi dans le Milanais, et ce décret n'a fait lui-même que consacrer de vieux règlements, dont quelques-uns, chose remarquable! remontent au temps de notre ancienne domination
française en Italie (2). C'est à cette législation qu'un auteur allemand, M. Burger, attribue en grande partie la prospérité
agricole du royaume Lombardo-Vénitien, dans un ouvrage récemment publié sur l'agriculture de ce fertile territoire (3). Enfin, on retrouve le même principe dans le code de Sardaigne,
dont l'art. 622 dispose : « Toute commune, tout particulier,
» tout corps sont tenus de donner passage sur leurs fonds
» aux eaux que veulent conduire ceux qui ont le droit de la
» dériver des fleuves, fontaines, ou d'autres eaux pour l'irriga-
» tion des terres, ou pour l'usage de quelque usine. Les mai-
» sons, aires, cours et jardins sont exceptés de la disposition
» du présent article. »

Cette disposition, aussi réclamée, comme on l'a dit, par quelques Conseils-généraux, et notamment par ceux du Rhône et
de la Seine, n'en a pas moins été vivement combattue au sein
de votre Commission. On lui a reproché d'introduire dans notre législation civile une innovation à la fois grave et hardie,
d'affecter la propriété d'une servitude onéreuse qu'aucune nécessité ne justifie, et d'offrir à peu près les mêmes dangers que
la proposition première à laquelle elle vient se substituer.
L'exemple de quelques législations étrangères ne suffit pas, a-

(1) Mémoire de M. Jaubert de Passa, rapporté dans les Mémoires de la Société
royale d'Agriculture, 1820, tom. 2, p. 276.

(2) Le texte italien de l'art. 52 de ce décret impérial est remarquable; il est
ainsi conçu : « Chiunque intenda derivare acque private o pubbliche legitima-
» mente possedute per oggetti di agricoltura, o per attivazione di machine ed
» opifici idraulici, può condurle per fundo altrui, pagando il valore del terreno
» occupato dall' acquedotto, sponde, edifici ec., come ad indennizzare il posses-
» sore di qualunque danno puo derivare al fundo stesso. »

(3) Traduit de l'allemand par M. Victor Rendu, inspecteur général de l'agriculture.

t-on dit, pour légitimer une servitude nouvelle ignorée jusqu'ici dans notre législation française, et l'analogie qu'on prétend exister entre cette servitude et le droit de passage autorisé par le Code civil pour le cas d'enclave, n'a rien de réel. Pour le propriétaire d'un fonds enclavé, le passage sur le terrain d'autrui est une nécessité ; car, sans ce passage, sa propriété serait frappée dans sa main d'une stérilité complète, puisqu'il ne pourrait ni le cultiver, ni en récolter les fruits. Il n'y a rien de semblable à l'égard du propriétaire qui veut conduire des eaux sur un fonds irrigable ; sa propriété, il est vrai, ne pourra acquérir le degré de fécondité qu'elle obtiendrait de l'irrigation, mais elle n'en conserve pas moins, pour le propriétaire, sa force actuelle de production. Si le droit sacré de la propriété a dû s'abaisser devant un besoin absolu, il ne saurait céder à une simple convenance d'intérêt privé.

D'ailleurs, a-t-on continué, il est impossible que la création de servitude dont il s'agit n'ait pas pour effet d'augmenter, dans une proportion considérable, le nombre des dérivations des cours d'eau ordinaires. Il en résultera que les riverains inférieurs verront sensiblement diminuer les eaux dont la loi leur reconnaît le droit d'user pour l'irrigation de leurs propriétés, sans parler du préjudice que ne manqueront pas d'en éprouver les propriétaires d'usines. Ce sera le plus souvent déplacer l'irrigation sans ajouter à sa puissance ; et, dans tous les cas, ce sera faire naître un grand nombre de contestations relativement à la propriété, à l'usage et au partage des eaux.

Ce n'est pas tout, a-t-on ajouté : on veut favoriser l'irrigation dans l'intérêt de l'agriculture ; mais ne pourra-t-il pas arriver que, sous ce prétexte, le propriétaire ne vienne à être grevé d'une servitude qui n'aura, dans la réalité, pour objet que de satisfaire un intérêt industriel ou domestique, peut-être même le caprice d'un riche voisin ? Qui pourra, par exemple, empêcher le propriétaire d'une usine, d'une maison de campagne ou d'un château, qui n'aura qu'une insignifiante parcelle de prairie à arroser, qui pourra l'empêcher d'abuser de cette situation pour conduire, à travers les héritages voisins, des eaux réellement destinées aux besoins de l'industrie, à l'usage de l'habitation, à l'agrément d'un jardin ou d'un parc ? La servitude qu'on voudrait établir peut donc devenir une source d'abus ; les avantages qu'on s'en promet sont exagérés : et, dans tous les cas, l'atteinte grave qu'elle porte à la propriété ne permet pas de lui accorder une place dans nos lois.

En faveur de la disposition, on a d'abord répondu que, sans attribuer aux législations étrangères une autorité qui dût exclure l'examen, ces précédents semblaient au moins prouver que la mesure proposée n'avait pas le caractère d'une de ces idées novatrices et téméraires que nulle expérience n'est encore venue justifier. Une semblable disposition ne saurait, a-t-on dit, mériter le reproche d'attenter d'une manière dommageable à la propriété, puisqu'on la voit pratiquée chez des peuples dont la législation professe un respect absolu pour les prérogatives les plus étendues de la propriété. D'ailleurs, ce ne sont pas seulement les législations étrangères qui autorisent à penser qu'une servitude légale sur le terrain d'autrui peut être justifiée par l'intérêt public qui s'attache aux irrigations ; mais cette idée, appliquée il est vrai d'une autre manière, s'était offerte à l'esprit des auteurs du projet de Code rural. L'article 61 de ce projet porte que « l'un des riverains voulant jouir de » l'eau a le droit d'appuyer sur la propriété du riverain opposé » les ouvrages d'art nécessaires à la prise de l'eau, en l'indem- » nisant, à dire d'experts, de tous les dommages qui peuvent » résulter de cet appui. » C'était aussi, on le voit, une servitude dont on proposait de grever la propriété d'autrui, et il y a cela de remarquable que cette servitude, comme celle, au reste, des codes de Sardaigne et de Lombardie, n'était pas seulement créée dans l'intérêt de l'agriculture, mais encore dans l'intérêt de l'industrie. Ici, au contraire, la servitude demeure étrangère aux besoins de l'industrie ; elle n'est pas même établie d'une manière indéfinie pour les besoins généraux de l'agriculture : elle est expressément limitée au passage des eaux propres à l'irrigation, parce que là réside exclusivement l'intérêt public et social, qui est le principe de cette nouvelle servitude.

Sans doute, il n'y a pas analogie parfaite entre le passage accordé pour cause d'enclave et celui qui est réclamé pour la conduite des eaux ; mais ce qu'une nécessité privée a fait admettre dans le premier cas, comment une grande considération d'utilité publique, d'ailleurs étroitement unie à un intérêt particulier, ne suffirait-elle pas pour l'autoriser dans le second? L'utilité générale n'est-elle pas aussi une nécessité, et la plus impérieuse de toutes? N'est-ce pas au nom de cet intérêt général que la loi modifie le droit absolu de la propriété dans une foule de cas, et la grève, même sans indemnité, de diverses servitudes, soit à raison de la proximité des forteresses, soit pour le hâlage le long des fleuves et rivières, soit pour la construction et la réparation des chemins et autres ouvrages publics et communaux, et de tant d'autres qui dérivent seuls du voisinage des propriétés et des lois sur la police rurale? On parle du respect dû à la propriété; mais c'est pour augmenter les produits et accroître la valeur de la propriété que la servitude est réclamée. Le service foncier qui lui est demandé n'a d'ailleurs rien de gratuit : une juste et préalable indemnité en devient la représentation la plus complète.

On dit, il est vrai, qu'en ce qui regarde les cours d'eau ordinaires, les conditions de jouissance que le Code civil assure aux riverains seront gravement altérées par le nombre et l'abondance des dérivations, que les riverains inférieurs seront sacrifiés aux riverains supérieurs, que les propriétaires d'usines auront aussi à souffrir, que des débats sans nombre surgiront nécessairement entre ces intérêts divers, et qu'en définitive tout se réduira à déplacer l'irrigation, sans accroître l'étendue des propriétés arrosées.

A cela plusieurs réponses :

D'abord, l'objection est étrangère aux irrigations qui peuvent se faire au moyen des eaux de source, des lacs et étangs renfermés dans des propriétés particulières, des eaux de pluie et de neige recueillies dans des réservoirs, et des eaux obtenues à l'aide de puits artésiens; irrigations dont l'importance égale, si elle ne surpasse celle des irrigations à l'aide des cours d'eau ordinaires, et suffit à elle seule pour motiver la proposition. Ces eaux, en effet, constituent une propriété privée, dont le propriétaire a le droit exclusif d'user, sans nul partage avec ses voisins supérieurs ou inférieurs, et sans aucune intervention de l'administration supérieure à laquelle la loi a confié la police des eaux. Ici, point de propriétaires d'usines dont les intérêts puissent être compromis; par conséquent, point de contestations à craindre. Il ne s'agit pas non plus d'un simple déplacement d'irrigation, mais bien de la possibilité d'utiliser des

eaux qui se perdent sans utilité aucune, et de féconder des terrains sans nombre, complétement privés aujourd'hui du bienfait de l'irrigation.

Mais, relativement aux cours d'eau eux-mêmes, est-il donc
vrai que la servitude de passage qui nous occupe n'ait d'autre effet que d'amener une perturbation fâcheuse dans l'usage
des eaux, sans augmenter sensiblement l'étendue des propriétés arrosées? Le nombre des dérivations sera plus grand, et les
dérivations pourront aussi devenir plus abondantes ; on veut et
on doit le supposer. Mais il ne faut pas oublier trois choses, savoir : 1° Que l'administration supérieure a la police des cours
d'eau, police qu'il ne faut pas, toutefois, confondre avec leur
propriété ; 2° qu'après avoir accordé, par l'art. 644, au propriétaire dont un cours d'eau borde l'héritage, le droit de s'en servir pour l'irrigation de ses propriétés, et à celui dont la propriété est traversée par le cours d'eau, celui d'en user, à la
charge de le rendre à son cours naturel, le Code civil ajoute,
dans l'art. 645 que, s'il s'élève des contestations entre les propriétaires auxquels les eaux peuvent être utiles, les tribunaux
doivent se conformer d'abord aux règlements particuliers et
locaux sur le cours et l'usage des eaux, et ensuite concilier
l'intérêt de l'agriculture avec le respect dû à la propriété ; 3° que
la Commission a commencé par poser en principe, que son
travail n'aurait pour objet que la servitude légale d'aqueduc,
sans toucher en aucune manière à la législation existante sur
la propriété, l'usage et le partage des eaux entre les riverains.

Ces divers points une fois précisés, l'objection demeure à
peu près sans portée. En effet, la perturbation qui pourrait
être le résultat de dérivations plus nombreuses et plus abondantes sera prévenue ou réprimée, soit par un règlement d'eau
semblable à ceux qui émanent ordinairement de l'autorité administrative toutes les fois que la police d'un cours d'eau en
fait sentir le besoin, soit par les tribunaux, auxquels les riverains et les propriétaires d'usines peuvent toujours recourir
pour faire respecter leurs droits ; et les dérivations plus nombreuses et plus abondantes qui ne préjudicieront à personne,
comme cela arrivera souvent, entreront dans des canaux d'irrigation pour féconder nos prairies, au lieu d'aller se perdre
inutilement à la mer. D'ailleurs, combien de terres deviendront
irrigables, grâce au passage des eaux sur les fonds intermé-

diaires, et pourront profiter d'un cours d'eau sans intérêt pour les propriétés inférieures, impropres, par la nature de leur sol, par leur niveau ou par d'autres causes, à être converties en prairies, ou que la volonté des propriétaires conserve pour la culture! Il n'est donc pas vrai de dire que l'irrigation au moyen des cours d'eau ne sera que déplacée; il est, au contraire évident qu'elle augmentera dans une proportion considérable. Quant aux contestations, elles seront de même nature que celles qu'on voit s'élever chaque jour entre les riverains d'un cours d'eau. On ne croit pas que le nombre en augmente autant qu'on paraît le craindre. Mais, quoi qu'il en puisse être, il est impossible de mettre un inconvénient de ce genre en balance avec le grand intérêt auquel répond la disposition qu'on discute en ce moment. L'objection qui, au reste, comme on l'a dit, n'a trait qu'aux cours d'eau, doit donc être complétement écartée.

Reste celle qui consiste à prétendre que la servitude pourra être détournée de son but, et profiter abusivement à un intérêt d'industrie, de commodité ou d'agrément pour lequel la loi ne l'aura pas instituée. Cette objection aurait de la puissance si la servitude qu'on propose de créer constituait un droit absolu dont la volonté seule du propriétaire qui veut irriguer fût l'arbitre; mais on a prévu et on a pris soin de prévenir l'abus qui aurait pu usurper ici la place d'un droit légitime. Dans la pensée qui a inspiré la disposition, la propriété privée ne doit céder qu'à un intérêt d'irrigation sérieux et parfaitement justifié. Il ne suffira donc pas d'alléguer une irrigation imaginaire, ou d'invoquer un simulacre d'irrigation pour obtenir du juge le droit de diriger sur la propriété voisine des eaux réellement destinées à l'exploitation d'une usine, à la commodité d'une maison de campagne, ou à l'embellissement d'un parc. Il ne suffira pas davantage à un propriétaire d'avoir un volume d'eau quelconque à sa disposition, si le niveau des terres ne permet pas l'irrigation, ou si le volume d'eau est évidemment insuffisant pour l'arrosement d'une faible parcelle; car, encore une fois, la propriété privée ne peut être asservie que dans un intérêt général qui ne peut exister que là où l'opération est réelle et utile. Tel est le sens dans lequel la disposition a été conçue, et les tribunaux sont armés d'un pouvoir discrétionnaire propre à faire respecter la pensée de la loi. En résumé, a-t-on dit en terminant, aucune des critiques adressées à la proposition ne paraît fondée; et cette disposition, qui se concilie parfaitement avec le respect dû à la propriété, est sollicitée par un intérêt public qui en a été le mobile dans plusieurs législations étrangères, et justifie complétement son introduction dans la nôtre.

Ces considérations ont paru décisives à votre Commission ; à la majorité de sept voix contre deux, elle a adopté le principe de la servitude légale de passage des eaux propres à l'irrigation sur les propriétés intermédiaires, autres que les habitations et leurs dépendances, moyennant une juste et préalable indemnité.

On a un moment élevé la question de savoir s'il ne conviendrait pas de fixer le minimum de l'étendue de terre qu'un propriétaire devrait être en mesure d'arroser avec l'eau dont il dispose, pour pouvoir réclamer le passage sur les fonds voisins. Cette précaution, dont on trouve l'idée première dans le travail déjà cité d'un honorable magistrat de Limoges, où il est parlé d'un minimum de cinquante ares, aurait sans doute l'avantage de restreindre la servitude aux opérations réellement fructueuses dans l'intérêt de l'agriculture, et de prévenir celles qui pourraient n'être inspirées que par la légèreté ou l'esprit de tracasserie. Mais la Commission a pensé que la limite était fort difficile à poser, soit à raison de la différence de fertilité et de valeur des terres qui ne permet pas de soumettre à une règle commune les terrains en pleine campagne et ceux qui sont situés dans le voisinage des villes, soit à raison de l'insuffisance actuelle des notions pratiques sur le volume d'eau nécessaire à l'arrosement d'une mesure de terre donnée. Elle a pensé aussi qu'on pouvait se reposer avec quelque confiance sur l'intérêt privé naturellement peu disposé à une entreprise nécessairement dispendieuse, dans l'unique but de susciter à ses voisins des tracasseries contre lesquelles les tribunaux sauraient d'ailleurs les protéger.

Un membre a aussi demandé qu'une disposition fût introduite pour appliquer au passage des eaux les art. 683 et 684 du Code civil, d'après lesquels le passage, en cas d'enclave, doit être pris du côté où le trajet est le plus court, et surtout dans l'endroit où il est le moins dommageable au propriétaire des fonds traversés ; on a demandé encore que le propriétaire des fonds traversés eût le droit d'indiquer le lieu du passage des eaux. Votre Commission aurait désiré pouvoir accepter ces dispositions évidemment inspirées par le désir naturel de rendre la servitude moins onéreuse à la propriété qu'elle doit grever; mais elle a considéré qu'on ne pouvait assimiler le passage nécessaire à l'exploitation d'un héritage, et celui dont il s'agit ici, qui est presque toujours donné par le niveau des eaux. Votre Commission a dû garder sur ce point une grande réserve, et laisser aux tribunaux et aux gens de l'art le soin de déterminer tout à la fois la direction, la dimension et la forme de l'aqueduc; elle n'aurait pu à cet égard hasarder des règles absolues sans s'exposer au danger de compromettre le but qu'elle veut atteindre. L'honorable membre qui en avait conçu la pensée s'est rendu lui-même à ces raisons, et a été d'avis, avec la majorité, que les tribunaux seuls pouvaient ici satisfaire aux nécessités de l'entreprise, et ménager en même temps, comme c'est leur devoir, les droits de la propriété.

Ce respect de la propriété a porté votre Commission à exiger que l'indemnité fût préalable et payée avant le commencement des travaux, et sans la prise de possession provisoire, qui n'est, au reste, autorisée que pour l'expropriation pour cause d'utilité publique par la loi du 3 mai 1841. L'indemnité doit aussi être juste, c'est-à-dire proportionnée au dommage réel qu'éprouve le propriétaire du fonds traversé par les eaux. Dans cette appréciation doit entrer non-seulement la valeur du terrain en lui-même dont il se trouve privé par le canal et ses dépendances, mais encore l'évaluation du préjudice que lui causent la confection et l'existence du canal et la séparation de sa propriété en deux ou plusieurs parties. Cette indemnité est, au reste, indépendante de celle qui peut lui être accidentellement due pour les dégradations que sa propriété peut éprouver par l'irruption des eaux qui serait le résultat de la négligence que le propriétaire des eaux aurait apportée dans l'entretien et le curage de l'aqueduc.

Telle est l'économie de l'article 1er que votre Commission a cru devoir substituer à l'article unique qui forme la proposition de l'honorable M. d'Angeville. Cet article 1er se combine d'ailleurs avec l'art. 3, dont elle aura à dire un mot, après avoir fait connaître la disposition de l'article 2, sans lequel elle aurait cru ne soumettre à la Chambre qu'une proposition incomplète.

Il ne suffit pas, en effet, de régler les conditions auxquelles les eaux destinées à l'irrigation d'une propriété peuvent y être conduites à travers les fonds intermédiaires qui l'en séparent, il faut s'occuper encore des conséquences de l'irrigation pour les héritages inférieurs qui touchent aux terrains arrosés et se trouvent ainsi exposés à recevoir l'écoulement des eaux que la terre n'absorbe pas en totalité. L'art. 640 du Code civil dispose que « les fonds inférieurs sont assujettis envers ceux qui » sont plus élevés à recevoir les eaux qui en découlent natu- » rellement et sans que la main de l'homme y ait contribué. » C'est dire clairement que cette servitude n'existe pas pour les eaux naturelles ou artificielles, qu'un propriétaire dirige sur sa propriété au moyen d'un aqueduc ; et cela, soit que cet aqueduc traverse le fonds d'autrui, soit qu'il parcoure exclusivement l'héritage du propriétaire qui se livre à l'irrigation. Votre Commission a été unanimement frappée de la nécessité d'étendre à ces eaux la servitude établie par l'art. 640, et d'obliger le propriétaire inférieur à en recevoir l'écoulement, qui, d'ailleurs, sera le plus souvent un avantage pour lui ; mais, en même temps, comme il peut arriver que, dans certains cas, cette aggravation de servitude lui devienne dommageable, votre Commission a dû lui assurer la réparation du préjudice qu'il peut avoir à souffrir. C'est l'objet de l'art. 2 du projet.

Le troisième et dernier article attribue à l'autorité judiciaire la connaissance de toutes les contestations qui peuvent s'élever, soit sur l'établissement même de la servitude de passage, soit sur la direction, la dimension et la forme de l'aqueduc, soit sur les indemnités dues tant au propriétaire du fonds traversé qu'à celui du fonds inférieur obligé de recevoir l'écoulement des eaux. Votre Commission a pensé que l'établissement d'une servitude et la fixation d'une indemnité étaient naturellement du ressort de l'autorité judiciaire, dont elle a cru devoir, au reste, réserver la tutelle à la propriété. Dans cette matière encore toute nouvelle, au moins pour notre pays, votre Commission a été arrêtée par la difficulté et surtout par le danger de descendre à des dispositions de détail dont aucune expérience n'a pu encore révéler la sagesse, ni même l'utilité. Obligée de faire une part considérable au pouvoir discrétionnaire des tribunaux, elle a dû leur adresser une recommandation générale déjà consignée dans l'article 645 du Code civil, relatif au jugement des contestations entre les riverains de cours d'eau ;

elle a voulu que leur justice s'attachât à concilier l'intérêt de l'opération avec le respect dû à la propriété.

Ici, Messieurs, se termine un travail dont votre Commission a pris soin d'indiquer le but et de préciser les limites. Les grands canaux d'irrigation dérivés des fleuves et rivières, la distribution de leurs eaux et toutes les questions qui se rattachent à la propriété et à l'usage des cours d'eau secondaires offrent sans doute une grande importance, et votre Commission fait des vœux pour que le projet de loi qui doit régir ces intérêts ne soit pas trop longtemps différé. Mais celui qu'elle soumet aujourd'hui à votre examen n'est ni moins important, ni moins utile. On peut ajouter qu'il est d'un intérêt plus urgent, car l'État est armé du droit d'expropriation pour cause d'utilité publique, relativement aux canaux qu'il peut entreprendre, tandis que la propriété privée n'a aucun moyen d'utiliser pour l'irrigation les eaux dont elle peut disposer. Telle est cependant l'importance de ces eaux, que, si elles ne dispensent pas entièrement de recourir aux grandes dérivations, elles peuvent du moins faire attendre patiemment ces vastes et dispendieux travaux dont tant de causes peuvent retarder l'entreprise. A ce titre, votre Commission ose espérer que la Chambre l'accueillera avec sa sollicitude ordinaire pour les vrais et sérieux intérêts du pays, et que, touchée de l'urgente nécessité de remédier à un mal grave et vivement senti, elle ne voudra pas en subordonner l'examen à l'élaboration future d'un projet essentiellement distinct, et qui, s'il a la même nécessité, n'offre pas, du moins, le même degré d'urgence.

PROPOSITION DE M. D'ANGEVILLE.

Article premier.—Les travaux d'irrigation des propriétés rurales, entrepris, soit collectivement, soit individuellement, pourront être déclarés d'utilité publique.

Cette utilité sera déclarée dans les formes voulues par la loi du 3 mai 1841.

AMENDEMENTS DE LA COMMISSION.

Article premier.—Tout propriétaire qui voudra se servir, pour l'irrigation de ses propriétés, des eaux naturelles ou artificielles dont il a le droit de disposer, pourra réclamer le passage de ces eaux sur les fonds intermédiaires, à la charge d'une juste et préalable indemnité.

Sont exceptés de cette servitude, les maisons, cours, jardins, parcs et enclos attenant aux habitations.

Art. 2.— Le propriétaire du fonds inférieur devra recevoir les eaux qui s'écouleront des terrains ainsi arrosés, sauf l'indemnité qui pourra lui être due, à raison du préjudice que lui causerait cette aggravation de la servitude établie par l'art. 640 du Code civil.

Art. 3.— Les contestations auxquelles pourront donner lieu l'établissement de la servitude, la fixation du parcours de l'aqueduc, de ses dimensions et de sa forme, et les indemnités dues soit au propriétaire du fonds traversé, soit à celui du fonds qui recevra l'écoulement des eaux, seront portées devant les tribunaux qui, en prononçant, devront concilier l'intérêt de l'opération avec le respect dû à la propriété.

SECOND RAPPORT DE M. DALLOZ.

SÉANCE DU 30 MARS 1844.

Messieurs,

Depuis le dépôt du rapport fait au nom de votre Commission, le Gouvernement, dans une louable sollicitude, a mis à profit l'intervalle de nos sessions pour consulter les Conseils-généraux sur l'économie du projet que nous avons eu l'honneur de soumettre à vos délibérations. Dans le même temps, un inspecteur d'agriculture a été chargé d'aller explorer la pratique des irrigations dans ceux des États d'Italie dont la législation, partie essentielle de l'art agricole, est le plus perfectionnée. Enfin, au commencement de cette session, et au moment où le rapporteur de votre Commission demandait la reprise de la proposition, M. le ministre du commerce a formé, en dehors de la Chambre, une Commission spéciale chargée d'examiner les votes émis par les Conseils-généraux, d'étudier la question des irrigations et de préparer un projet de loi sur cette importante matière. C'est le résultat de ces nouvelles études que nous venons rapidement mettre sous les yeux de la Chambre, qui y trouvera, nous osons l'espérer, de nouveaux motifs d'accueillir avec quelque

faveur les dispositions que nous avions d'abord présentées à sa
haute sanction.

On a pu voir, dans le rapport, que déjà, en 1842, M. le ministre du commerce avait interrogé les Conseils-généraux, et
que trente-cinq de ces Conseils, sur cinquante qui s'étaient
occupés de la question, s'étaient montrés favorables à la proposition d'accorder un passage sur les terres voisines pour la
conduite des eaux destinées à l'irrigation. En 1843, soixante-
dix Conseils-généraux ont répondu aux questions qui leur ont
été posées par M. le ministre de l'agriculture et du commerce.
Ces questions étaient celles-ci : « 1° Ne conviendrait-il pas d'ac-
» corder aux propriétaires de terrains irrigables le droit de
» faire passer les eaux sur le terrain d'autrui ? 2° Comment de-
» vrait être réglé l'exercice de ce droit, quelles devraient être
» ses limites, et comment faudrait-il garantir les droits des
» tiers ? » Des soixante-dix Conseils-généraux qui ont répondu,
cinquante-huit se sont prononcés pour la concession du droit de
passage des eaux sur le terrain d'autrui moyennant indemnité,
et douze seulement ont émis une opinion contraire. Quant aux
seize Conseils-généraux qui n'ont pas répondu en 1843, il en
est dix qui l'avaient fait en 1842 ; cinq avaient été favorables
et cinq contraires. Les six autres n'ont répondu à aucune
époque.

En réunissant les avis émis en 1842 à ceux qui ont été ex-
primés en 1843, on trouve soixante-trois Conseils-généraux qui
réclament l'établissement du droit de passage sur le terrain
d'autrui pour les eaux propres à l'irrigation, et dix-sept seulement qui s'y refusent ; encore, parmi ces derniers, en avons-
nous compté un, celui de la Charente-Inférieure, dont l'avis est
au moins douteux, si même il n'est favorable à nos propositions. Les délibérations de ces derniers Conseils, qui sont pour
la plupart les mêmes que ceux qui, en 1842, s'étaient déjà montrés peu favorables à l'idée première du projet, n'ont pas paru
ajouter aucune objection nouvelle à celles que votre Commission a combattues dans son précédent rapport.

Ces objections se résument, on le sait, dans le principe assurément inviolable du respect dû à la propriété. Mais est-ce offen-
ser ce principe que de soumettre la propriété, dans un intérêt
général de richesse agricole, de défense nationale et d'hygiène
publique, à une servitude légale dont on lui paie le prix, et dont

la propriété elle-même est appelée à recueillir les plus grands avantages? Nos lois n'offrent-elles pas divers exemples de services fonciers imposés à la propriété, même dans l'intérêt privé, lorsqu'il s'identifie comme ici avec l'intérêt public? Quand votre Commission voit, non-seulement les peuples d'Italie, mais encore les États du Nord, qui, grâce à une température mieux équilibrée que la nôtre, possèdent une si grande étendue de prairies, admettre, dans cet intérêt, des dispositions beaucoup plus onéreuses et plus hardies que celle qu'elle vous propose elle-même, elle ne peut croire mériter (1) le reproche d'avoir manqué au respect qui est dû à la propriété.

Il résulte, au surplus, des détails dans lesquels on vient d'entrer que la très-grande majorité des Conseils-généraux, représentants naturels de la propriété, appelle de ses vœux des mesures législatives propres à faciliter des irrigations. Toutefois, le vœu de ces Conseils n'est pas toujours formulé d'une manière uniforme. Si un très-grand nombre d'entre eux ont purement et simplement adopté le projet de votre Commission, il en est plusieurs qui ne l'ont admis qu'avec des additions, des changements ou des restrictions ; il en est aussi quelques-uns qui ont donné la préférence à l'honorable M. d'Angeville.

Ainsi, par exemple, certains Conseils-généraux ont demandé qu'on ajoutât au droit de passage des eaux sur le terrain d'autrui celui d'appuyer sur l'autre rive des cours d'eau les travaux d'art nécessaires pour élever le niveau de la rivière, à la charge d'une juste indemnité au propriétaire sur le sol duquel serait exercé ce droit d'appui ; quelques autres ont demandé que le propriétaire du fonds traversé eût le droit de partager les eaux, sauf à ne recevoir qu'une moindre indemnité ; un autre a exprimé le vœu que le droit de faire passer les eaux sur le terrain d'autrui ne fût accordé que pour les eaux dont on a la propriété, ou pour celles dérivées des fleuves et des rivières navigables, mais ne s'étendît pas aux rivières qui ne sont

---

(1) La loi du grand-duché de Hesse, promulguée en 1830, et la loi du royaume de Prusse, promulguée en 1838, admettent la servitude du passage des eaux, et, en outre, le droit d'appui sur le fonds d'autrui. La loi de Hesse va même jusqu'à autoriser l'expropriation d'un terrain propre à faire une prairie, quand le propriétaire de ce terrain ne veut pas concourir avec ses voisins aux travaux nécessaires pour l'irrigation des terres d'un même finage. La question des irrigations est à l'étude dans le Wurtemberg et en Russie.

ni navigables, ni flottables ; d'autres encore ont demandé que le droit de passage ne pût être réclamé que pour l'irrigation d'un hectare au moins de terre. Il est un Conseil qui a demandé qu'un privilége fût établi sur les fonds irrigués pour le payement de l'indemnité due aux fonds traversés par les eaux ; et un autre, que somme suffisante pour le payement de cette indemnité et des frais fût consignée d'avance, au moment même où la demande du passage serait formée. Enfin, quelques Conseils, tout en adoptant le projet de votre Commission, ont émis le vœu qu'il pût trouver place dans une loi générale sur les irrigations ; et quelques autres, au nombre de neuf, se sont prononcés en faveur de la proposition primitive de l'honorable M. d'Angeville, qui, pourtant, s'est complétement rallié lui-même au système de votre Commission. Mais, on le répète, sauf ces diverses modifications qu'on trouve isolées dans un certain nombre de délibérations, il reste que soixante-trois Conseils-généraux ont adhéré au principe du projet de votre Commission, et que seize ou dix-sept seulement ont émis une opinion contraire.

Tandis que les Conseils-généraux délibéraient sur le projet de votre Commission, distribué par les soins de M. le ministre de l'agriculture et du commerce à chacun des membres de ces Conseils, un inspecteur d'agriculture se rendait, comme on l'a dit, en Italie pour y étudier la pratique des irrigations. Cette mission a été remplie avec autant de lumières que de zèle par M. de Mornay, qui a particulièrement visité la Lombardie et le Piémont, c'est-à-dire les deux États d'Italie où les irrigations sont les plus florissantes, et dont la législation avait été invoquée dans le rapport de votre Commission. Quel a été le résultat de ces explorations? De démontrer à M. de Mornay l'utilité et la facilité d'introduire en France des dispositions dont il a pu apprécier les heureux effets en pays étranger. C'est ce qui résulte du rapport de cet agent, que M. le ministre a bien voulu mettre sous les yeux de votre Commission, rapport qui se termine par 'adoption textuelle des trois articles dont le projet de votre Commission se compose, sauf quelques dispositions additionnelles auxquelles M. de Mornay a lui-même renoncé dans le sein de la Commission spéciale instituée par M. le ministre de l'agriculture, dont il était membre. Parmi ces dispositions additionnelles se trouvait le droit d'appui déjà réclamé, comme on l'a vu, par quelques Conseils-généraux.

La Commission spéciale, instituée le 15 janvier dernier par M. le ministre de l'agriculture et du commerce, était composée de membres des deux Chambres, dont quatre anciens ministres, de fonctionnaires publics et d'agronomes, connus pour avoir fait une étude particulière de la question des irrigations (1). Le procès-verbal de ses délibérations n'ayant pas été imprimé, il est nécessaire d'en mettre une courte analyse sous les yeux de la Chambre.

Le premier soin de cette Commission a été d'examiner attentivement les votes des Conseils-généraux que nous avons fait connaître et d'entendre l'exposé que M. de Mornay, inspecteur de l'agriculture et l'un de ses membres, lui a présenté de ses communications à M. le ministre de l'agriculture, en exécution de la mission qui lui avait été confiée, communications entièrement favorables à nos propositions, comme on l'a vu, il n'y a qu'un moment.

Cette Commission, dont la tâche n'avait point été circonscrite par M. le ministre, qui avait, au contraire, ouvert libre carrière à ses investigations, s'est posée, dès le début, la question de savoir si elle se renfermerait dans les limites du projet présenté par votre Commission, ou si, au contraire, elle embrasserait dans leur ensemble toutes les questions qui se rattachent aux irrigations et particulièrement celles qui touchent au régime et à la propriété des cours d'eau secondaires. Après une discussion étendue et à laquelle deux séances ont été consacrées, la Commission spéciale a été d'avis, à l'unanimité, qu'on devait s'abstenir de toucher à la législation existante sur le régime et la propriété des eaux ; elle a pensé qu'il fallait se renfermer étroitement dans l'examen du projet de votre Commission, dont l'unique but est de créer une servitude légale de passage, pour les eaux propres à l'irrigation, dont on a le droit de disposer à un titre quelconque, soit comme propriétaire, soit comme riverain usager, soit en qualité de concessionnaire.

Un membre cependant, tout en adhérant à cette résolution, a exprimé la crainte que les dérivations particulières qui seraient faites en vertu de la nouvelle loi aux cours d'eau non naviga-

(1) Voici les noms de MM. les membres de cette Commission : M. le comte de Gasparin, pair de France, président; MM. le comte d'Argout, Passy, Teste, pairs de France; le comte d'Angeville, de Tracy, Dalloz, députés; le comte d'Esterno, le vicomte Héricart de Thury, Nadault de Buffon, Dittmer, de Mornay et Lagardé, secrétaire.

bles n'aient, plus tard, pour effet de contrarier l'exécution des grands canaux qu'il désirerait voir entreprendre au moyen d'associations volontaires ou de syndicats forcés dont le principe pourrait être posé dans nos lois. Mais on a répondu que cette appréhension demeurait étrangère aux eaux de sources, de pluie, de neige et autres, susceptibles de propriété privée ; qu'elle l'était même aux eaux dérivées, en vertu de concessions, des fleuves et rivières navigables ou flottables, car ces concessions sont toujours subordonnées à une appréciation convenable de l'importance des irrigations ; que, quant aux cours d'eau non navigables, on devait peu se préoccuper du danger de l'épuisement des eaux, parce que ces eaux une fois épuisées par les irrigations particulières et par les besoins des usines, le but d'amélioration agricole qu'on se propose serait atteint, et qu'il n'y avait aucune nécessité de les faire entrer dans un système général qui, au reste, serait toujours praticable, si l'on jugeait qu'il offrît une plus grande somme d'utilité. On peut ajouter que ce système d'irrigations en grand, au moyen d'associations volontaires et surtout à l'aide de syndicats forcés, est de nature à rencontrer chez nous des obstacles de plus d'un genre, et qu'en attendre la réalisation, ce serait ajourner pour longtemps encore en France le bienfait d'une législation favorable aux irrigations.

Au reste, il ne faut pas croire que le projet de votre Commission n'embrasse que la plus faible partie du sujet ; nous avons dit dans le rapport, et nous persistons à penser que les irrigations les plus nombreuses et les plus importantes en résultat sont celles qui peuvent se faire à l'aide des eaux de sources, des eaux de neiges et de pluies et des cours d'eau ordinaires. Cette opinion est celle aussi d'un grand nombre d'agronomes, et particulièrement celle de l'honorable M. Puvis, ancien député, auteur d'un récent écrit plein d'intérêt sur la matière qui nous occupe. Après tout, on creuserait en vain de dispendieux canaux d'irrigation, ce que le Gouvernement peut toujours faire à l'aide des lois sur l'expropriation pour cause d'utilité publique, si les possesseurs de terrains susceptibles d'être arrosés n'obtenaient de la législation le droit d'amener sur leurs terres irrigables les eaux qu'ils iraient puiser dans ces grandes artères.

Après avoir décidé en principe qu'elle se renfermerait dans les limites du projet de votre Commission, la Commission spéciale est entrée dans l'examen des trois articles dont ce projet se compose. Chacun de ces articles a donné lieu à une discussion étendue et approfondie.

Dans le cours de cette discussion, dont on ne mettra pas les détails sous les yeux de la Chambre, les diverses modifications et additions proposées par certains Conseils-généraux ont été appréciées; ces propositions isolées, qui ont été rappelées plus haut, ont été écartées, les unes comme implicitement comprises dans le projet de votre Commission, et les autres comme inadmissibles dans la pratique. Mais deux questions graves se sont élevées. La première a été celle de savoir si l'on reconnaîtrait aux propriétaires, immédiatement riverains d'un cours d'eau, le droit de céder à un propriétaire non riverain le droit qu'il a de prendre des eaux pour l'irrigation de ses propriétés. La Commission a pensé que c'était là une question étrangère au droit de passage des eaux, et qui trouverait naturellement sa solution dans les principes du droit commun; qu'au surplus, le propriétaire riverain qui consentirait à céder son droit de prise d'eau à son voisin pourrait consentir aussi à lui vendre une portion de terre riveraine suffisante pour exercer la prise d'eau.

La seconde question a été relative au droit d'appui, dont on a eu déjà l'occasion de parler. Ce droit d'appui, qu'ont spontanément demandé plusieurs Conseils-généraux, quelques membres de la Commission spéciale l'ont vivement réclamé comme un corollaire indispensable du projet, et telle est aussi l'opinion d'un savant jurisconsulte italien, M. Giovanetti de Novarre, qui a profondément étudié la matière des irrigations, et de M. Puvis, dans l'écrit déjà cité. Quoique cette disposition ne soit pas nouvelle, puisqu'on la trouve dans l'article 61 du projet de Code rural, et quoique son utilité ait paru d'une évidence incontestable à la majorité de la Commission spéciale, elle n'a pas osé proposer l'établissement de cette seconde servitude légale, sur laquelle les Conseils-généraux n'ont pas été consultés, et qui nécessiterait l'intervention de l'autorité administrative. Toutefois, elle n'a cédé qu'à la crainte de compromettre la disposition principale du projet.

Ces questions vidées, les trois articles du projet de votre Commission ont été successivement discutés et adoptés à l'unanimité, avec les légères modifications que nous allons faire connaître.

Le premier article n'en a amené aucune, et sa rédaction a été textuellement maintenue. L'art. 2 a seulement donné lieu à la substitution du pluriel au singulier dans ces mots : « Le propriétaire du fonds inférieur devra recevoir les eaux, etc.— En adoptant l'article 3, la Commission spéciale a exprimé le désir que le mot aqueduc fût remplacé par l'expression *conduite d'eau*, qui lui a paru plus générale et plus simple que le mot aqueduc, plus ordinairement employé pour désigner des travaux d'art ou de maçonnerie qui ne seront pas toujours nécessaires, car de simples fossés ou rigoles suffiront pour le passage des eaux dans un grand nombre de cas. Enfin, la Commission spéciale a pensé qu'il pourrait être sage d'ajouter au projet une disposition qui exprimât une idée, d'ailleurs énoncée dans le rapport de votre Commission, à savoir qu'on n'entendait, ni directement, ni indirectement, déroger aux lois qui réservent à l'autorité administrative la police des eaux (1).

(1) Voici, au reste, le résumé qui termine le procès-verbal des délibérations de la Commission spéciale, instituée par M. le ministre de l'agriculture :

« Le premier point que la Commission spéciale a eu à résoudre était celui-ci :

» La Commission doit-elle embrasser la question des irrigations dans son ensemble, ou doit-elle se renfermer dans les limites du système qui a été proposé à la Chambre des Députés, et qui consiste à créer, en faveur de l'irrigation, *un droit de passage forcé sur les fonds d'autrui* ?

» Dans ce dernier cas, adoptera-t-on le système de l'expropriation forcée, proposé par M. le comte d'Angeville, auteur de la proposition, ou celui d'un simple droit de servitude, tel qu'il est formulé par M. Dalloz dans son rapport à la Chambre des Députés ?

» Quant au premier point, la Commission a pensé qu'on ne pourrait faire une loi générale sur les irrigations, sans soulever immédiatement la question de propriété des cours d'eau non navigables ni flottables, question ardue, qui divise les meilleurs esprits. Tout en reconnaissant donc qu'une loi d'ensemble sur les irrigations est un des besoins les plus impérieux de l'agriculture, la Commission, craignant un long ajournement si l'on veut faire une loi de ce genre, a préféré borner son travail au côté pratique et actuellement acceptable de la proposition.

» En conséquence, elle a décidé que ses travaux porteraient spécialement sur le meilleur moyen d'établir, en faveur de l'irrigation, *un droit de passage forcé sur les propriétés d'autrui.*

» La Commission a aussi décidé que le système d'expropriation forcée, proposé par M. le comte d'Angeville, serait écarté, et qu'on discuterait celui que M. Dalloz a développé dans son rapport à la Chambre des Députés, lequel consiste à ne grever la propriété que d'une simple *servitude* en faveur des irrigations.

» Ce dernier système ayant été pris pour base des travaux de la Commission

Votre Commission a examiné ces modifications ; elle a d'autant moins hésité à les admettre, que toutes lui ont paru rentrer dans ses propres vues et dans le véritable sens des dispositions qu'elle avait formulées.

Ainsi, dans la pensée de votre Commission, l'obligation de recevoir les eaux de colature, c'est-à-dire les eaux qui ont servi à l'irrigation, ne s'arrête pas au propriétaire du terrain immédiatement contigu ; elle s'étend, lorsqu'il y a nécessité, aux propriétaires des fonds inférieurs subséquents, sauf l'indemnité qui pourra leur être due pour le dommage causé par l'écoulement de ces eaux, qui le plus souvent leur seront plus profitables que nuisibles. Dès lors, la substitution du pluriel au singulier pour les mots *propriétaire inférieur*, employés dans la rédaction de l'art. 2, ne pouvait être susceptible d'aucune difficulté, et votre Commission vous propose de l'adopter.

Il en est de même du remplacement du mot *aqueduc*, dans l'art 3, par le terme *conduite* d'eau. Quoique le mot *aqueduc*, dérivé du latin *aquæ ductus*, soit le synonyme de l'expression française *conduite d'eau* et s'applique également à toute espèce de travail ayant pour but d'amener les eaux d'un lieu à un autre, votre Commission vous propose de préférer cette dernière

» spéciale, les trois articles dont il se compose ont été ainsi successivement
» examinés et les diverses questions de détail qu'ils peuvent soulever ont été
» débattues.

» Quelques membres désiraient qu'on introduisît dans la loi projetée le droit
» d'appui et de barrage ; la Commission reconnaissait généralement que cette
» disposition serait d'un avantage réel ; mais, craignant qu'elle ne compromit le
» sort de la loi toute entière, et considérant d'ailleurs que les départements
» n'avaient pas été appelés à donner leur avis sur ce point spécial, elle a préféré s'abstenir d'en faire mention.

» Les modifications que les trois articles du rapport de M. Dalloz ont subi
» dans la discussion n'ayant amené, en définitive, aucun changement de fond,
» et l'article additionnel, que l'on a jugé convenable d'insérer dans la loi sous
» le n° 4, n'étant que la conséquence des explications données dans ce rapport,
» il en résulte que le projet de loi de la Commission de la Chambre des Députés
» et celui de la Commission spéciale sont pour ainsi dire identiques.

» En terminant ses travaux, la Commission croit devoir émettre l'avis que,
» dans l'intérêt de l'agriculture, M. le ministre soit invité à hâter, autant qu'il
» dépendra de lui, la reprise de la proposition de M. le comte d'Angeville, telle
» qu'elle est modifiée par le rapport de M. Dalloz.

» L'article additionnel proposé par la Commission, étant une conséquence
» des termes mêmes de ce rapport, pourrait être introduit dans la loi par voie
» d'amendement. »

expression, qui, dans le langage usuel, rend plus exactement peut-être l'idée de la servitude qu'il s'agit d'établir, et qui, dans un grand nombre de cas, ne demandera pas les constructions souterraines que désigne plus particulièrement le mot *aqueduc.*

Quant à l'article additionnel proposé par la Commission spéciale pour réserver les droits de l'administration relativement à la police des eaux, cette disposition peut être regardée comme surabondante, puisque aucun des trois articles du projet ne déroge à ces droits que votre Commission a expressément réservés dans deux passages de son rapport. Néanmoins, elle ne voit aucun inconvénient à formuler cette réserve dans la loi elle-même, par l'adoption de l'article additionnel proposé par la Commission spéciale, et qui deviendra le quatrième du projet.

Avant de finir, votre Commission doit rendre compte à la Chambre de la proposition, faite par l'un de ses membres, d'admettre, conformément au vœu de quelques Conseils-généraux, les propriétaires des fonds traversés au partage des eaux, lorsqu'elles excéderaient les besoins de celui qui en a réclamé le passage, sauf à compenser cet avantage jusqu'à due concurrence avec l'indemnité qu'il aurait à payer. Ce vœu, déjà émis par trois Conseils-généraux, ceux de la Corrèze, du Lot et de la Lozère, repose sans doute sur une idée de réciprocité qui frappe au premier aperçu ; en effet, quoique les dispositions de l'article 644 du Code civil n'aient rien évidemment d'applicable aux eaux artificiellement dérivées par un propriétaire à travers l'héritage voisin pour l'irrigation de ses propriétés, on ne peut méconnaître la faveur qui s'attache au propriétaire traversé, lorsqu'il réclame lui-même, moyennant indemnité, l'excédant des eaux qu'on fait couler dans un canal qui vient sillonner sa propriété. Cependant, votre Commission n'a pas pensé qu'une semblable disposition pût être admise. Il lui a paru d'abord qu'elle ne pourrait trouver d'application que dans des cas assez rares, car il est naturel de présumer qu'un propriétaire ne dérive que le volume d'eau à peu près nécessaire pour l'arrosement de ses terres. Elle a été arrêtée ensuite par la difficulté de créer une sorte de communauté obligée entre le possesseur des eaux dérivées et ceux dont les héritages pourraient être traversés par les eaux. Votre Commission a surtout été frappée des contestations sans cesse renaissantes, auxquelles ne pourraient manquer de donner lieu, soit la question du volume et de l'excédant des eaux, soit l'appréciation de leur valeur, soit surtout l'exercice d'un droit de partage qui aurait son principe dans la loi, au lieu d'être abandonné aux libres conventions des parties, conventions qui interviendront ordinairement, quand elles seront possibles, parce qu'elles sont dans l'intérêt commun du possesseur des eaux et des propriétaires dont elles traversent le fonds. Votre Commission a donc repoussé cette proposition nouvelle et maintenu son projet primitif.

En dernière analyse, l'immense majorité des Conseils-généraux appelle de ses vœux une loi propre à faciliter les irrigations, et adopte le principe que vous a proposé votre Commission ; un grand nombre d'entre eux acceptent textuellement les articles qui forment l'économie de son projet, dont l'idée principale a été empruntée aux lois des pays où les irrigations sont le plus perfectionnées et le plus prospères. Quant aux modifications de détail demandées par quelques Conseils-généraux, la Commission spéciale instituée par M. le ministre de l'agriculture et du commerce, qui les a aussi examinées, a reconnu que plusieurs d'entre elles rentraient dans les dispositions mêmes du projet et que les autres n'étaient pas acceptables ; cette Commission, unanime dans son adhésion, n'a proposé que les légers changements dont nous avons rendu compte, et qui n'altèrent ni le fond, ni même la forme essentielle du projet. Enfin, ce projet a obtenu le suffrage d'une réunion qui, sans avoir aucun caractère officiel, peut être néanmoins regardée comme une autorité en cette matière par le concours qu'elle a offert des principales notabilités agricoles du pays (1). Votre Commission ne peut donc qu'y persister ; et, comme elle l'annonçait en commençant, elle croit pouvoir trouver dans les faits qui se sont accomplis depuis la dernière session de nouvelles et puissantes raisons d'espérer que son travail ne paraîtra pas indigne de l'assentiment de la Chambre.

AMENDEMENTS DE LA COMMISSION.

Art. premier.—Tout propriétaire qui voudra se servir, pour l'irrigation

____

(1) Le congrès agricole récemment tenu à Paris sous la présidence de M. le duc Decazes.

de ses propriétés, des eaux naturelles ou artificielles dont il a le droit de disposer, pourra réclamer le passage de ces eaux sur les **fonds** intermédiaires, à la charge d'une juste et préalable indemnité.

Sont exceptés de cette servitude, les maisons, cours, jardins, parcs et enclos attenant aux habitations.

Art. 2. — Les propriétaires des fonds inférieurs devront recevoir les eaux qui s'écouleront des terrains ainsi arrosés, sauf l'indemnité qui pourra leur être due, à raison du préjudice que leur causerait cette aggravation de la servitude établie par l'art. 640 du Code civil.

Art. 3.—Les contestations auxquelles pourront donner lieu l'établissement de la servitude, la fixation du parcours de la conduite d'eau, de ses dimensions et de sa forme, et les indemnités dues soit au propriétaire du fonds traversé, soit à celui qui recevra l'écoulement des eaux, seront portées devant les tribunaux, qui, en prononçant, devront concilier l'intérêt de l'opération avec le respect dû à la propriété.

Art. 4. — Il n'est aucunement dérogé par les présentes dispositions aux lois qui règlent la police des eaux.

RAPPORT

SUR LE PROJET DE LOI RELATIF AUX IRRIGATIONS,

Par M. PASSY.

—

Messieurs,

L'usage des irrigations date des temps les plus reculés. C'est au sein de régions torrides que la civilisation commença à fleurir, et à peine y eut-elle pris quelques développements, que des travaux d'arrosage, d'une grandeur merveilleuse, vinrent y assurer la fécondité des cultures.

Sous le ciel moins ardent de l'Europe, l'art n'eut pas à réaliser de si vastes conceptions. On n'y vit ni les lacs immenses, ni les innombrables canaux qui fertilisaient le sol de l'Égypte et des vieux empires de l'Asie; mais les eaux y furent utilisées dans la mesure commandée par l'état des températures, et les contrées les plus méridionales se couvrirent d'ouvrages qui les firent refluer dans les campagnes.

Le monde romain s'écroula sans entraîner dans sa ruine les vieilles traditions rurales. L'Italie continua à demander aux nombreux cours d'eau qui la baignent leur tribut accoutumé, et les lois qui, à partir du douzième siècle, vinrent y régler les systèmes de dérivation et d'arrosage, ne firent que sanctionner des coutumes dès longtemps établies et respectées.

L'Espagne, non plus, ne cessa pas d'emprunter aux eaux une assistance dont une partie de ses champs ne pouvait se passer. Loin de là, des maîtres originaires de contrées brûlantes lui apportèrent tous les secrets de la science nabathéienne, et sous la domination arabe se perfectionnèrent et s'étendirent rapidement les méthodes d'irrigation qui ont fait du royaume de Valence et de la basse Catalogne le siége de cultures admirables de puissance et de richesse.

Les exemples de l'Italie et de l'Espagne ne furent imités que sur quelques points du midi de la France. Dans le reste de l'Europe, la nature dispense la chaleur et l'humidité dans des proportions dont put se contenter longtemps le travail agricole, et c'est de nos jours seulement qu'elles ont cessé de suffire à toutes ses exigences.

C'est là un résultat des progrès mêmes de l'ordre social. A mesure que les populations ont crû en nombre et en aisance, il a fallu demander davantage au sol, et le moment est arrivé où des moyens de production, auparavant négligés, sont devenus d'un usage indispensable. Aujourd'hui, tout, dans les parties les plus avancées de l'Europe, appelle impérieusement la multiplication des animaux. Ce n'est pas seulement parce qu'ils ont acquis plus de valeur vénale, c'est surtout parce qu'ils fournissent des engrais dont l'abondance détermine la richesse des récoltes, et que, si la quantité n'en augmentait, il serait impossible d'élever le produit des terres arables au niveau des besoins croissants de la consommation. De là l'importance qui s'est attachée à toutes les cultures fourragères; de là, d'une part, l'extension constante des prairies artificielles, et, de l'autre, les efforts faits pour agrandir et amender les prés naturels; de là, enfin, la nécessité d'user plus largement du secours de l'irrigation.

Ce qui prouve combien cette nécessité est maintenant distincte, dans beaucoup de pays, qui jusqu'ici semblent l'avoir ignorée ou méconnue, c'est l'ardeur avec laquelle y ont été recherchés tout d'un coup les moyens d'y satisfaire. En Allemagne, en Angleterre, en France, des eaux longtemps dédaignées sont recueillies à grands frais, et les cultivateurs les plus intelligents ne reculent devant aucun des sacrifices qui peuvent leur en permettre l'usage. Dans le nord de l'Europe, où les moissons, mûries aux ardeurs d'un soleil qui, durant les jours de l'été, disparaît à peine un moment de l'horizon, manquent toutes les fois que des pluies fréquentes ne viennent pas rafraîchir l'atmosphère, l'irrigation a pris plus d'extension encore. Les laboureurs de la Suède et de la Norwège ne se bornent pas à arroser leurs prairies ; beaucoup de terres en labour reçoivent les mêmes soins, et les payent par des fruits plus abondants et mieux assurés.

Jamais ne survient une de ces époques où la multiplication des demandes de la consommation nécessite de nouvelles et plus puissantes applications des forces productives dont les sociétés disposent sans que la puissance publique ne soit tenue d'en seconder l'usage. Depuis quinze ans, des gouvernements qui n'avaient pas eu à s'occuper des questions soulevées par l'irrigation ont été appelés à intervenir ; et presque tous se sont hâtés de mettre l'agriculture en possession de ressources dont l'absence, en mettant des bornes à son essor, eût fini par ralentir et par suspendre le cours des prospérités sociales.

Ainsi, tandis que l'Italie et la Sardaigne s'attachent à perfectionner le régime sous lequel l'emploi des eaux vivifie leurs cultures, les gouvernements de l'Allemagne, si soucieux des intérêts de la production territoriale, si attentifs à écarter tous les obstacles qui peuvent en contrarier le développement, travaillaient à doter l'agriculture des facilités d'irrigation dont elle éprouvait le besoin. Dès l'année 1830, le grand-duché de Hesse promulguait une loi destinée à favoriser l'arrosement des prairies ; treize ans plus tard, la Prusse en faisait autant, et, à la même époque, les états du Wurtemberg discutaient une proposition de loi conçue dans le même but.

En Angleterre, aussi, les circonstances rurales avaient éveillé l'attention sur l'utilité des eaux. Un bill, soumis au Parlement le 15 mars 1843, et qui n'avait en vue que les desséchements, s'y transforma en loi sur les irrigations. De nombreux amendements le complétèrent, et l'agriculture obtint une liberté d'action dont elle avait manqué, et qui, chaque jour, lui devenait plus nécessaire.

Il était impossible que les circonstances auxquelles obéissent tant d'autres états ne se produisissent pas en France, où l'industrie agricole avait aussi à subvenir à la subsistance d'une population rapidement croissante. Des causes spéciales devaient même en fortifier l'empire. Moins arrosée que l'Angleterre et le midi de l'Allemagne, la France, eu égard à sa superficie totale, ne compte pas autant de prés et de pàtures. D'un autre côté, les trois quarts de son territoire sont sujets à des sécheresses estivales qui les privent parfois d'une partie de leur récolte herbagère; et de là, pour l'élève et l'entretien du bétail, des difficultés qui lui sont propres, et qui ont accru, dans son sein, l'urgence de suppléer, à l'aide des ressources de l'art, à l'insuffisance de celles qu'elle doit à la nature.

Malheureusement, les lois qui la régissent n'avaient pu prévoir les besoins nés de progrès qui ne s'annonçaient pas encore à l'époque de leur promulgation. En maintenant dans toute leur vigueur les règlements particuliers et locaux sur le cours et l'usage des eaux, les lois avaient laissé subsister de beaux et féconds systèmes d'irrigation au pied des Pyrénées, sur le littoral de la Méditerranée, et dans quelques autres parties du territoire; mais, là où il n'en existait pas avant la chute de l'ancien régime, tout était obstacle à de pareilles créations, et rarement avait-on vu les entreprises les mieux dirigées obtenir le succès que méritait leur utilité.

Une situation si préjudiciable à des intérêts d'un ordre élevé ne pouvait durer sans susciter de vives et justes réclamations. D'année en année, ces réclamations arrivaient plus nombreuses, et, en 1842, M. le ministre de l'agriculture et du commerce chercha à leur préparer la satisfaction qui leur était due. Grâce à ses soins empressés, les Conseils-généraux des départements furent invités à s'occuper de la question des irrigations, et consultés sur la convenance d'accorder aux propriétaires des terrains irrigables la faculté de faire passer sur le fonds d'autrui les eaux dont il pourrait disposer. Sur cinquante Conseils-généraux dont les réponses arrivèrent au ministre, trente-cinq adhérèrent pleinement à l'avis qui leur était soumis; quinze, au contraire, refusèrent leur assentiment. Tel était l'état des choses, lorsque, à la fin du mois de mai 1843, la Chambre des Députés fut saisie, par un de ses membres, d'une proposition relative à l'irrigation. M. le comte d'Angeville, agriculteur distingué, savait quels avantages la France peut retirer d'eaux qu'elle laisse perdre sans les utiliser. Des travaux d'arrosage d'une hardiesse ingénieuse lui avaient permis de transformer en riche pâture des terrains jusque-là à demi stériles ; mais ce n'avait été qu'à force de temps, de patience et de sacrifices qu'il était venu à bout d'achever son œuvre ; et ce fut dans la pensée, qui l'honore, d'aplanir pour d'autres la voie où il n'avait marché qu'à travers des obstacles sans nombre, qu'il conçut et déposa sa proposition.

Vous savez, Messieurs, quel accueil a obtenu cette proposition. Une Commission eut à l'examiner, et, tout en lui donnant la plus ferme approbation, elle crut cependant devoir en modifier les termes. Au bénéfice de la déclaration d'utilité publique invoquée en faveur des travaux individuels ou collectifs d'irrigation, elle substitua le bénéfice plus restreint du droit de conduite des eaux à leur destination, à travers les fonds intermédiaires, et un rapport d'une rédaction savante et lucide rendit compte des motifs de sa détermination.

La session, au moment où le rapport fut distribué, était trop avancée pour en permettre la discussion. M. le ministre de l'agriculture et du commerce mit à profit le temps qui lui restait pour solliciter de nouveau le concours des Conseils-généraux. Cette fois, soixante-dix délibérèrent avec fruit, et comme, parmi les seize Conseils qui s'abstinrent, dix avaient énoncé leur opinion l'année précédente, c'est soixante-trois avis favorables et dix-sept avis contraires qu'il faut compter à la proposition, et encore les avis contraires vinrent-ils presque tous de départements auxquels l'humidité de leur climat ou le voisinage de la mer rend l'irrigation à peu près superflue.

Vers la même époque fut instituée une Commission spéciale chargée d'examiner et de débattre toutes les questions que peut soulever l'irrigation. Nulle limite n'était imposée à ses investigations ; elle était pleinement libre d'aller, dans ses conclusions, aussi loin que l'intérêt du pays lui paraîtrait le demander, et ce fut au système adopté par la Commission de la Chambre des Députés qu'elle finit par donner la préférence. Le désir de concilier toutes les convenances du moment la déter-

mina dans son choix, et tout atteste qu'elle fut sage et prévoyante.

Aujourd'hui, Messieurs, c'est forte de l'épreuve d'un débat
solennel que la proposition de M. le comte d'Angeville vous
arrive. La sanction qu'elle a reçue de la Chambre des Députés
l'a convertie en projet de loi, et c'est à ce titre que vous avez
confié à une Commission le soin de l'examiner.

L'économie de ce projet, Messieurs, est simple. Ce qu'il veut,
c'est que les propriétaires de terrains irrigables puissent y conduire les eaux dont ils ont la possession, à la charge par eux
d'indemniser préalablement les maîtres des terrains sur lesquels ces eaux obtiendront passage. Pareille faculté est accordée, aux mêmes conditions, aux propriétaires des terrains
submergés, pour l'écoulement des eaux nuisibles. C'est là, au
fond, tout le projet de loi. Pour en apprécier nettement le caractère et la portée, il faut se rendre un juste compte des principes qui parmi nous régissent la propriété et l'usage des eaux.

Les eaux, en France, constituent, suivant leur nature, des
propriétés d'espèces diverses. Au domaine public appartiennent
les fleuves et les rivières navigables et flottables, et l'État a
seul le pouvoir d'en disposer.

Viennent ensuite les cours d'eau trop faibles pour servir au
flottage ou à la navigation. Sur ceux-ci, l'État ne s'est réservé
que des droits généraux de police. Les riverains en ont la possession collective ; tous sont libres de s'en servir pour l'irrigation des propriétés contiguës, et ceux qui possèdent les deux
rives ne rencontrent, dans l'usage qu'ils en font, d'autre limite que l'obligation de les rendre, à la sortie de leurs domaines, à leur lit naturel. Quant aux étangs, aux lacs et aux sources, ce sont de véritables propriétés privées. Seulement le maître du fonds où naît une source est tenu de respecter les droits
que, par titre ou par prescription, pourrait avoir acquis le propriétaire du terrain inférieur, et, dans le cas où la source pour-
voirait aux besoins de lieux habités, il lui est interdit d'en
changer le cours, mais sous bénéfice du droit d'obtenir des indemnités réglées à dire d'experts, quand les habitants n'en ont
pas acquis ou prescrit l'usage.

Tel est le régime qui s'applique à la propriété des eaux (1).
Autant de sortes d'eaux, autant de règles distinctes, autant de

(1) Voir les art. 538, 641, 642, 643, 644 et 645 du Code civil.

droits divers d'origine et d'étendue : voyons maintenant quel
degré de latitude ce régime laisse à l'usage des eaux dans l'intérêt des cultures. S'agit-il d'irriguer des champs contigus à
des fleuves ou à des rivières navigables et flottables, ces fleuves et rivières appartiennent à l'État; et, dès lors, c'est à lui
qu'il faut s'adresser pour en obtenir des dérivations dont il
mesure le volume, et dont la concession demeure révocable à
son gré. Pareille permission n'est pas nécessaire pour l'arrosement des fonds attenant aux simples ruisseaux. Tout riverain
peut user des eaux qu'ils contiennent; mais, comme nul ne doit
absorber ou appauvrir à son profit exclusif une propriété commune, l'administration supérieure, tutrice légale des biens et
des intérêts collectifs, garde avec la police de ces eaux le droit
de déterminer la manière de s'en servir et d'imposer des règlements particuliers et locaux, dont les tribunaux, en cas de contestation entre les usagers, sont tenus de maintenir l'observation. Pour les irrigations opérées à l'aide des étangs et des
sources, le propriétaire, à moins que ses opérations ne soient
dommageables à ses voisins, est complétement libre. Les eaux
qu'il emploie sont à lui, et personne n'a droit de lui en disputer
l'usage.

Maintenant, ce qu'il importe de remarquer, c'est combien,
sous ce régime en apparence si libéral envers les particuliers,
sont restreintes, en réalité, les facilités accordées à l'emploi
des eaux au profit de la culture. Il n'y a que les terrains bordés
par les eaux qui puissent en utiliser les propriétés fécondantes;
si les riverains peuvent, à certaines conditions, les y faire refluer, là s'arrête leur pouvoir : il leur est interdit d'en conduire
ailleurs le moindre superflu. Bien plus : des décisions judiciaires, conformes à l'avis de jurisconsultes éminents, ont établi que, réservé aux seuls champs qui se trouvaient en contact immédiat avec les cours d'eau au moment où parut le
Code civil, le droit à l'arrosement n'avait pu s'étendre à aucune des annexes qui depuis y ont été rattachées et les ont
agrandis.

Ainsi confinée aux limites étroites des portions de terre que
touchent immédiatement les eaux, l'irrigation n'a pu recevoir
en France des développements en harmonie avec les exigences
de l'époque. Vainement les difficultés attachées à la production
du bétail pesaient-elles de plus en plus sur l'agriculture ; vai-

nement la rareté des engrais ne permettait-elle pas d'obtenir des terres arables tout ce qu'elles devraient donner : devant des obstacles presque toujours insurmontables échouaient les efforts destinés à étendre et à fertiliser le sol des prairies, et nul doute que si les grands travaux d'arrosage, conservés sur quelques points de notre territoire, n'eussent été terminés sous l'empire de lois anciennes et maintenant abolies, jamais ils ne seraient venus répandre la vie et la prospérité dans les lieux qui ont continué à en recueillir le bienfait.

C'est au mal résultant de l'insuffisauce de nos lois en matière d'irrigation, à ce mal sous le poids duquel, s'il devait subsister, finirait par s'arrêter notre mouvement agricole, que le projet de loi a pour but de remédier. Autoriser les propriétaires de terrains irrigables à y faire arriver des eaux qui en accroîtraient la fécondité ; leur permettre d'user d'un agent de production inutile souvent là où il se rencontre, voilà tout ce qu'il contient. Sur tout autre point, et il importe de le remarquer, la législation actuelle demeure intacte. Propriété et police des eaux, droits de l'État, juridictions et compétences, rien de ce qu'elle prescrit et consacre n'est modifié, et si c'est devant les tribunaux que sont renvoyées les contestations auxquelles pourrait donner lieu l'exercice du droit de passage des eaux : c'est qu'il ne s'agit là que de faits d'un ordre sur lequel, seuls, ils ont eu jusqu'à présent mission de prononcer.

C'est toutefois une innovation réelle que la consécration d'un droit dont l'exercice entraîne l'établissement d'une servitude foncière non admise encore par notre législation, et, comme toutes les innovations, celle-ci n'a pu échapper à des objections dont il importe que nous nous rendions compte avant d'entrer dans l'examen des articles compris dans le projet de loi.

C'est, a-t-on dit, attenter au droit de propriété, que créer des servitudes dans un intérêt privé. Jusqu'ici, de telles prescriptions n'étaient connues que pour cause d'utilité publique, et c'est aux particuliers que doit équitablement être laissé le soin de régler, par des conditions librement débattues, tout ce qui n'a d'autre but que d'ajouter au produit des biens dont ils jouissent.

En second lieu, le projet de loi ne saurait répondre à l'attente de ses auteurs. Ce qu'exige la matière grave et compliquée de l'irrigation, c'est une loi complète et détaillée, une loi embrassant et résolvant tous les cas qui peuvent se présenter, et leur appliquant à tous des règles à la fois générales et sûres.

Enfin, de l'exécution d'un projet de loi restreint et partial dans ses vues sortiront d'innombrables et fâcheux litiges. Des eaux, laissées aujourd'hui à leur cours naturel, seront dérivées au loin ; les riverains inférieurs verront diminuer la quantité de celles dont ils ont l'usage, et de là des constestations fréquentes. A ces contestations s'ajouteront celles que ne peuvent manquer de produire l'établissement des servitudes et les indemnités dues aux propriétés qui les subiront ; et les tribunaux, sans règles préalables, contraints dans la plupart des cas à s'en rapporter à des experts, se trouveront accablés sous le poids de leur tâche.

Ces objections, Messieurs, votre Commission les a examinées, et elle ne les a pas trouvées assez fondées pour qu'elles dussent l'empêcher de donner son assentiment au projet de loi.

Assurément, ce serait chose grave qu'une atteinte portée au droit de propriété. Au droit de propriété sont dus tous les biens, toutes les lumières qui ont élevé si haut les sociétés modernes, et plus est complet le respect qu'il obtient, plus sont heureux et rapides les progrès de la civilisation. Mais ici, où donc est l'atteinte au droit de propriété? Vainement l'avons-nous cherchée; nous n'avons aperçu que la déclaration d'une de ces contraintes légales qui ne portent sur certaines portions du sol que dans un intérêt commun à toutes les autres, et qui, sagement réglées, rendent, en définitive, au droit de propriété beaucoup plus qu'elles ne semblent lui ôter.

On affirme que la propriété ne doit être atteinte dans son indépendance que pour cause d'utilité publique : pas de principe moins contestable ; mais sait-on bien où commence et finit l'utilité publique ? La loi ne le dit pas, et il lui eût été impossible, en effet, de le dire. A côté des grands et éternels intérêts de la défense et de la sûreté nationales viennent s'en placer d'autres dont il est donné au temps d'agrandir l'importance, et auxquels des concessions sont dues, toutes les fois que le bien-être de tous dépend, dans une certaine mesure, de leur admission au nombre des intérêts que l'État privilégie. Ainsi l'entend, avec raison, le Gouvernement lui-même. Le droit d'expropriation, ce droit si décisif et si considérable, ce n'est plus uniquement afin d'ouvrir des voies de communications générales, d'assurer la salubrité locale ou d'accroître la puissance militaire qu'il en permet l'usage ; des usines, des établissements industriels l'ont obtenu, et, depuis sept ans, une loi et plusieurs ordonnances, en autorisant les propriétaires d'Épinac et du Creuzot, des mines d'Anzin et de Decize, à construire des chemins de fer sur le terrain d'autrui, les ont investis d'une prérogative que la Charte et l'art. 545 du Code civil n'accordent que pour cause d'utilité publique (1).

Ici, au reste, ce n'est pas même du droit d'expropriation forcée qu'il est question, c'est de l'établissement d'une servitude d'aqueduc ; or, à cet égard, le projet de loi ne propose rien qui soit en désaccord avec l'esprit même de notre législation. Les servitudes établies par la loi ont pour objet l'utilité publique ou communale, ou l'utilité des particuliers. Voilà le texte de l'art. 649 du Code ; et cette énonciation est sensée et prévoyante ; car, entre les utilités particulières et l'utilité publique qui résume ce qu'elles ont de commun, la distinction ne saurait être toujours ni bien nette ni même possible. Aussi comptons-nous, dans notre pays, plus d'une servitude légale à laquelle il serait facile de contester le caractère de l'utilité publique. Telle est, par exemple, celle si connue que l'enclave fait peser sur le champ qui l'environne. Certes, il eût pu sembler naturel de laisser au maître de l'enclave le soin d'acquérir à prix débattu le droit d'accession à sa propriété. La loi ne l'a pas voulu ; elle a compris qu'il suffirait de mauvaises passions chez celui qui seul peut céder ce droit, pour frapper de stérilité une portion du sol cultivable et en anéantir la fécondité au détriment de tous. La loi n'a pas admis non plus qu'il fallût abandonner au hasard des conventions privées les intérêts attachés à la production minérale. A l'aspect d'une permission de recherche délivrée par l'administration supérieure, tout propriétaire doit laisser creuser, fouiller, bouleverser son domaine. Bien plus, la mine, si elle existe, est concédée sans sa participation, et la terre qui lui appartient subit toutes les mo-

---

(1) Loi du 17 juillet 1837 ; ordonnance en date des 26 décembre 1837, 31 janvier 1841, et 12 septembre 1841, autorisant les propriétaires des usines et mines ci-dessus dénommées à construire des chemins de fer dans l'intérêt du transport de leurs produits jusqu'aux points de chargement à destination.

dications que requièrent les travaux de l'exploitation. C'est que la loi n'a pas cru qu'il n'y eût d'engagés à l'occasion des enclaves ou des mines que des intérêts individuels ; elle a pensé qu'il s'agissait aussi d'intérêts généraux, et qu'il importait d'ouvrir un accès facile à des sources de richesse qui ne pouvaient demeurer fermées sans préjudice pour la société tout entière. Des indemnités proportionnées à l'étendue des dommages dont les biens atteints par les servitudes deviennent passibles, c'est là tout ce qu'elle accorde aux propriétaires.

On le voit donc, le projet de loi ne propose pas d'introduire dans notre législation un principe qui lui soit étranger ; ce qu'il propose, c'est une application nouvelle d'un principe dès longtemps accepté, et tout, en définitive, consiste à savoir si cette application serait suffisamment justifiée par l'importance des intérêts qui la sollicitent.

Or, ceci n'a pas fait doute dans bon nombre d'États où la propriété, fortement constituée, jouit de toute la sécurité désirable. Les droits d'aqueducs et d'expropriation forcée que, sous l'empire des nécessités dues aux circonstances atmosphériques qui leur sont propres, avaient, presque de tout temps, consacrés les contrées du midi de l'Europe, celles du nord les ont admis aussitôt que s'y est révélé le besoin d'ajouter, au moyen de l'irrigation, à la puissance productive du sol. Nulle part, en Allemagne et en Angleterre, on n'a imaginé que les mesures adoptées ne fussent que des satisfactions accordées à des intérêts particuliers qu'il vaudrait mieux laisser s'arranger librement entre eux ; on les a vues sous leur véritable jour, comme des mesures qui, en assurant au travail qui nourrit la population des facilités devenues indispensables à ses progrès, réunissaient tous les caractères auxquels se reconnaît l'utilité publique.

En serait-il autrement parmi nous? Le supposer, ce serait ignorer à quel point l'industrie la plus essentielle au bien-être social est comprimée dans ses développements les plus nécessaires, et combien il est urgent de la mettre enfin à même d'avancer à plus grands pas dans les voies nouvelles où l'appellent de concert et les enseignements de la science et les exigences croissantes de la consommation. Il n'est pas nécessaire de charger ce rapport de détails techniques, ni sur les proportions dans lesquelles un meilleur emploi des eaux, que nous laissons se perdre infructueusement, peut augmenter le produit et l'étendue des superficies herbagères, ni sur les additions de fécondité que recevrait le sol labourable en raison du surcroît des engrais à attendre de la multiplication des animaux; d'autres ont amplement rempli cette tâche, et vous connaissez leurs écrits ; mais ce que nous ne saurions trop rappeler, c'est que de l'abandance des récoltes dépendent la richesse et la puissance des États, et qu'à rien de ce qui peut ajouter à cette richesse et à cette puissance ne saurait manquer le plus haut degré de l'utilité publique.

Ces considérations, Messieurs, nous ont paru répondre suffisamment à l'objection qui porte sur le principe même du projet de loi. Du moment où des indemnités, équitablement mesurées, en précèdent l'établissement, le parcours des eaux n'impose aux fends traversés qu'une de ces servitudes dont la loi rend la propriété passible, toutes les fois qu'il importe de donner satisfaction à des intérêts d'un ordre supérieur.

Maintenant, est-il vrai que le projet de loi soit trop petit, trop restreint pour aller au but qu'il veut atteindre? Nous ne le contesterons pas : une loi générale, une de ces grandes lois qui règlent de haut, et dans toutes leurs particularités, les matières dont elles traitent, serait préférable : mais de telles lois, Messieurs, est-il donné à tous les temps de s'en occuper avec fruit, et convient-il de rejeter le bien dont nous pouvons nous saisir, dans l'espoir, si souvent déçu, d'obtenir plus tard mieux et davantage? Voici de longues années que la France attend un Code rural, et tout annonce qu'elle l'attendra bien des années encore. Et quand ce code sera soumis aux délibérations des Chambres ; quand douze cents articles au moins auront à subir l'épreuve d'autant de votes, qui oserait affirmer qu'ils en sortiront victorieux et conservant entre eux l'accord sans lequel l'application en serait inutile ou pernicieuse? Détachée même du Code rural où elle n'a pas sa place obligée, une loi générale et complète sur les irrigations serait encore une œuvre d'un labeur immense. Elle aurait à décider des questions de propriété, à statuer sur toutes les espèces d'eaux, à partir de celles qui s'amassent dans nos plus grands fleuves jusqu'à ces sources que l'art va chercher dans les profondeurs du sol, à organiser des modes et des systèmes de répartition non moins divers que les configurations locales, à formuler des chartes d'association, à prévoir et à définir une multitude de cas particuliers, et cela dans un pays où l'usage des eaux n'est bien apprécié que sur un petit nombre de points du midi, et où manquent des connaissances qu'il faudrait emprunter presque toutes au dehors. Une entreprise si considérable, nous n'hésitons pas à le dire, est pleine de difficultés, et vainement en poursuivrait-on le succès.

Peut-être croit-on trop parmi nous à la facilité de réaliser d'un seul jet de grandes conceptions législatives. Les lois ne sont ni des œuvres d'art qui sortent complètes de la pensée qui les enfante, ni des créations systématiques libres de se jouer des résistances du monde réel : dans l'ordre économique, surtout ce qu'elles atteignent, ce sont des faits mobiles par essence, et qui, subissant des transformations progressives, ne se dévoilent que partiellement et successivement ; et mieux vaut toujours attendre, pour en agrandir la portée, que les lumières de la pratique soient venues éclairer pleinement la sphère où s'étend leur activité.

Aussi, Messieurs, malgré l'insuffisance qu'on lui reproche, pensons-nous que le projet de loi n'a fait que garder une réserve prudente. S'il est loin d'accorder aux entreprises d'irrigation le haut degré de faveur dont elles sont devenues l'objet dans la plupart des contrées de l'Europe, du moins leur assurera-t-il, si vous l'adoptez, les libertés dont elles ont été privées jusqu'ici, et, en admettant même que ces libertés soient trop restreintes, encore y a-t-il avantage à les accepter dès à présent. Ce qui restera à faire, le temps le montrera ; et le Gouvernement, qui a annoncé l'attention de suivre attentivement la marche des faits, et de préparer, à l'aide des enseignements qu'ils produiront, une œuvre plus complète et plus efficace, saura bien soumettre aux délibérations des Chambres toutes les dispositions additionnelles dont l'expérience lui révélera la nécessité.

Venons maintenant à la dernière des objections générales, à celle qui se fonde sur la supposition que de nombreuses et interminables contestations seront le fruit de l'application de la loi.

Et d'abord, il importe qu'on veuille bien se souvenir que le projet de loi n'admet d'autre innovation que la possibilité accordée aux propriétaires d'obtenir le passage des eaux. dont ils ont droit de disposer, sur les fonds d'autrui. Sur tout autre point, la législation présentement en vigueur ne subit aucune espèce de modification, et dès lors il demeure constant que les contestations, s'il s'en élève, auront pour cause soit l'exercice du droit de disposer des eaux, soit l'établissement des ouvrages d'art nécessaires à leur parcours sur les terrains assujettis à leur donner passage.

Or, quant à la première de ces causes de litige, il est deux sortes d'eaux sur lesquelles ne saurait s'étendre son action. Ce sont les eaux dont l'État seul est le maître, et celles dont les particuliers ont la possession complète. Pour celles-ci, ni la propriété ni l'usage n'en peut être contesté. Tout ce qui s'y rapporte repose sur des titres clairs et positifs et ne laisse aucun accès à la contradiction.

Restent les eaux courantes, qui, n'étant ni navigables ni flottables, appartiennent en commun à tous ceux dont elles bordent les propriétés, et sur lesquelles, au fond, les propriétaires riverains n'ont que des droits d'usage dont l'étendue incertaine peut engendrer des abus et des dissentiments. Quant à celles-ci, c'est aux faits actuels à donner la mesure des faits à venir ; aujourd'hui, chacun est libre d'en dériver le volume nécessaire à l'irrigation de ceux de ses champs qui en longent le cours. Voit-on sortir de l'exercice de cette faculté de graves complications et de bien nombreux procès ? Certes, non. En sera-t-il différemment lorsque la possibilité de conduire ces eaux au-delà des champs qui seuls maintenant peuvent en recevoir l'épanchement en aura accru la valeur ? Nous l'admettrions dans une certaine limite, si, comme on paraît le supposer, ces eaux ne relevaient d'aucune autorité, et s'il était loisible à tout riverain de ne consulter dans leur emploi que sa volonté personnelle ; mais, on l'oublie trop, ces eaux ne sont pas abandonnées aux entreprises des usagers. L'État, s'il n'en a pas la propriété, n'en est pas moins le dispensateur ; il en a la police, et si des empiétements venaient à appauvrir et à troubler la possession commune, ce serait à lui à imposer des règlements qui, en assignant à chacun sa part, mettraient fin à des collisions dont souffriraient les intérêts collectifs qu'il est tenu de concilier et de satisfaire.

Ainsi, du droit de disposer des eaux ne peuvent naître que des contestations dont l'administration supérieure est libre de resserrer étroitement le cercle. C'est dans la multiplication des règlements particuliers et locaux que la loi lui enjoint de faire, que se trouverait le remède au mal, s'il se produisait, et ce remède, nul doute qu'elle saurait l'employer.

Y aura-t-il, en revanche, beaucoup de contestations appelées par l'établissement des servitudes de passage et les changements qu'elles apporteront à la situation des propriétés qui auront à les supporter? Des contestations, il y en aura, surtout dans les premiers moments de l'exécution de la loi. Jamais un droit nouveau n'est mis en pratique sans soulever des oppositions et susciter des tentations abusives. Parmi les propriétaires, les uns voudront obtenir des concessions excessives, les autres se refuseront aux arrangements les plus simples, et des dissentiments iront se vider devant les tribunaux. Mais ces dissentiments seront-ils nombreux? Présenteront-ils des complications qui en aggraveront la nature? Tel n'est pas notre avis, et voici pourquoi.

Imaginer que du moment où la loi paraîtra, les propriétaires, avides d'exercer le droit qu'elle leur accorde, vont s'empresser de le mettre à profit, et que de toutes parts se multiplieront sans règle ni mesure des entreprises d'irrigation dont les auteurs tiendront peu de compte des embarras que leurs travaux occasionneront à autrui, c'est se méprendre beaucoup. Ce n'est pas chose si simple que conduire loin de leur point de départ des eaux destinées à l'irrigation. Aux indemnités à payer aux possesseurs des champs traversés se joignent des dépenses de construction et de nivellement ; et, comme les sacrifices croissent à raison des distances à franchir, ce n'est pas témérairement que seront conçues et exécutées de telles opérations. Il y a plus : hors des portions de la France où subsistent des systèmes d'arrosage dont la population locale connaît par expérience les avantages, la loi trouvera d'abord peu de personnes préparées à user des latitudes qu'elle confère. On sait avec quelle lenteur les innovations les plus utiles s'accréditent dans les campagnes ; il n'y aura, pendant assez longtemps, que des propriétaires éclairés qui réclameront le bénéfice des dispositions nouvelles, et ceux-là mettront naturellement dans leurs actes toute la prudence et la réserve désirables.

De deux choses l'une, d'ailleurs : ou les contestations qu'on appréhende s'élèveront à l'occasion des demandes en obtention du droit de passage, et celles-là seront vidées tout d'abord; ou elles auront pour cause le montant des indemnités dues à raison soit de la nature des travaux nécessaires au parcours de la conduite d'eau, soit de l'étendue des dommages résultant de l'écoulement des eaux; et, parmi celles-ci, les premières seront terminées une fois pour toutes, et les secondes ne se renouvelleront pas fréquemment. En effet, ce sera d'ordinaire un avantage réel pour les propriétaires des fonds inférieurs que d'avoir à recevoir des eaux qui auront servi à l'irrigation. Ces eaux leur arriveront chargées de principes fécondants, et ceux d'entre eux qui auront commencé par croire aux inconvénients de l'égouttement ne tarderont pas à changer d'avis et à en solliciter le bienfait. C'est là du moins ce que l'expérience atteste dans tous les pays où l'irrigation est en usage.

En pareille matière, il faut se confier un peu à la sagacité des intérêts. Ce qui aplanira bien des difficultés, c'est qu'il deviendra bientôt évident que les facilités accordées aux irrigateurs ne seront pas profitables à eux seuls. En augmentant considérablement les masses de fourrage, les irrigations offriront aux cultivateurs du voisinage la possibilité d'en obtenir à meilleur marché, et cet avantage si grand suffira pour les amener à favoriser des entreprises qui, avant qu'ils aient pu en recueillir leur part de bénéfice, n'auront peut-être pas rencontré leur assentiment.

Telles sont, Messieurs, les considérations qui nous ont empêchés de regarder comme bien fondées les objections dont la proposition de loi a été l'objet. Il en reste de moins générales dont nous allons vous entretenir en vous rendant compte des dispositions contenues dans les articles.

L'article 1er renferme la disposition fondamentale du projet de loi, celle qui permet à tout propriétaire qui voudra se servir, pour l'irrigation de ses propriétés, des eaux dont il a droit de disposer, d'en obtenir le passage sur les fonds intermédiaires. Déjà nous sommes entrés, au sujet de ce principe, dans tous les détails désirables. Seulement, nous vous ferons remarquer que les maisons, cours, jardins et enclos attenant aux habitations sont exceptés de la servitude. C'est là une exception que votre Commission ne peut qu'approuver. Toucher à l'habitation et à ses annexes, en changer l'économie et la distribution, c'est souvent froisser des sentiments et des souvenirs dont le charme demande des ménagements particuliers, et n'est jamais susceptible de justes évaluations pécuniaires.

L'art. 2 soumet les propriétaires des fonds inférieurs à recevoir, moyennant indemnité, les eaux qui s'écouleront des terrains irrigués. C'est une obligation que leur impose déjà l'article 640 du Code civil à l'égard des eaux naturelles. Ainsi que nous avons eu l'occasion de le faire remarquer, cette obligation, féconde en avantages que reconnaîtront facilement ceux qu'elle atteindra, ne sera pas longtemps une cause de plaintes et de contestations.

Ni dans la proposition de M. le comte d'Angeville, ni dans le travail de la Commission de la Chambre des Députés, ne figurait originairement la disposition qui forme l'art. 3 du projet de loi. C'est à titre d'amendement qu'elle y a obtenu place, et avec beaucoup de raison, à notre avis. Si quelque chose, en effet, peut sembler étrange, c'est qu'une telle disposition n'existât pas dans notre législation. Rendre à la culture des terrains submergés, ce n'est pas seulement élargir les superficies où se produit la richesse territoriale, c'est aussi assainir le sol et tarir dans leur source des maladies et des souffrances sous le poids desquelles succombent annuellement de malheureuses populations. Assurément, il serait difficile d'imaginer une œuvre plus utile, et que réclame plus impérieusement l'intérêt public.

L'art. 4 défère aux tribunaux les contestations auxquelles pourront donner lieu l'établissement de la servitude du passage, les opérations à l'aide desquelles les eaux seront recueillies et conduites, ainsi que les indemnités à fixer pour dommages éprouvés par les propriétaires des terrains traversés. Cette disposition a soulevé les objections dont nous avons à vous entretenir.

Au dire de quelques personnes, l'administration va se trouver privée de la part d'action qui, dans l'intérêt de tous, devrait lui être réservée. Seule elle est à même de répartir convenablement les eaux entre les ayants-droit, de déterminer le volume des prises, et c'est réduire ses attributions que ne pas la charger du soin de régler tout ce qui peut résulter de l'usage de ces mêmes eaux. Les tribunaux ne sont pas aptes à remplir la tâche qu'on leur décerne ; ils ne se maintiendront pas dans les limites de leur compétence, et de nombreux conflits de juridiction ne tarderont pas à s'élever, au grand détriment de la propriété.

Ces assertions, Messieurs, sont le résultat d'une méprise. Ainsi que le dit expressément l'art. 5 du projet de loi, il n'est dérogé en rien aux lois qui règlent la police des eaux, et l'administration n'est menacée de perdre aucun des pouvoirs qu'elle a exercés jusqu'ici. La tutelle dont elle est investie, le droit d'imposer des règlements particuliers et locaux que les tribunaux ont à observer dans les jugements qu'ils prononcent, tout cela subsiste, et nous ne voyons pas qu'il y soit porté la moindre atteinte. C'est l'administration supérieure qui, à l'avenir comme dans le passé, surveillera l'usage des eaux dont la propriété est collective; c'est elle qui les répartira entre les riverains, qui fera la part des usines aussi bien que celle des irrigations, qui ordonnera l'entretien des berges, et exigera les curages; seulement, s'il arrive que les eaux, devenues plus précieuses, soient plus recherchées, elle aura à multiplier ses soins, et son action, bien loin d'être amoindrie, y gagnera en étendue et en utilité.

Ajouter aux prérogatives de l'administration, l'appeler à juger les contestations mentionnées dans l'art. 4, ce serait, au contraire, confondre et bouleverser tous les principes de la législation. Aujourd'hui, l'administration, en imposant des règlements locaux dans l'intérêt collectif des riverains, assigne à chacun sa part à la propriété commune, distribue en réalité les titres en vertu desquels a lieu l'usage des eaux. Quant aux tribunaux, ils n'ont pas à discuter les règlements; ils en maintiennent l'exécution, et n'ont ainsi à statuer au fond que sur des plaintes pour dommages causés à la propriété par les empiétements que se permettent sur les droits d'autrui ceux qui tentent d'abuser de titres définis et limités par l'autorité légale. Voilà la règle posée par l'art. 645 du Code civil. Or, dans les cas prévus par l'art. 4 de la proposition de loi, et il est essentiel d'y faire attention, il ne s'agit pas même de contestations sur le volume et le mode des dérivations fixées par les actes administratifs, il s'agit simplement de contestations provenant des circonstances du passage des eaux sur les fonds intermédiaires, c'est-à-dire des lésions à la propriété privée, dont la justice civile a seule droit de connaître, et dont seule aussi elle a droit de stipuler et d'exiger la réparation.

Redouter de nombreux conflits de juridiction, c'est encore oublier que rien n'est changé dans l'ordre et la nature des compétences. Les conflits d'aujourd'hui ne sont pas communs, et d'ordinaire ont pour source des transactions entre usiniers qui parfois dénaturent les termes des autorisations qu'ils tiennent de l'administration supérieure. Tandis que les tribunaux considèrent comme valables des conventions acceptées par les parties, l'administration leur refuse ce caractère et n'en permet pas l'exécution. Mais ces conflits qu'une décision législative préviendrait si facilement, l'extension des irrigations n'en saurait multiplier le nombre ; car le droit à l'usage des eaux, dont jouissent les riverains, est inhérent à la propriété même, et nul ne peut disposer en faveur d'autrui que de la part limitée dont il est possesseur, et en établissant la première dérivation sur son propre sol.

On prétend encore qu'en se bornant à recommander aux tribunaux de concilier dans leurs actes l'intérêt des opérations d'arrosage avec le respect dû à la propriété, on les laisse sans injonctions précises, et qu'il ne sortira de leurs arrêts qu'une jurisprudence hasardeuse, confuse, pleine d'erreurs et de contradictions.

Il eût été, à notre avis, bien plus périlleux encore d'aller au-devant du danger et de descendre dès à présent à des dispositions de détail dont rien n'eût garanti la sagesse. Certes, les tribunaux ne sont pas infaillibles, et l'erreur se mêle parfois à leurs décisions ; mais contre l'inconvénient que l'on appréhende existent des sûretés dans la simplicité même des cas sur lesquels il faudra prononcer. Ce seront des contestations sur l'étendue et la réalité des dommages apportés aux propriétés où les eaux obtiendront passage et auront leur écoulement, qui seront portées devant les tribunaux : or, de tels dommages, il n'est pas de cultivateur un peu expérimenté qui ne soit apte à en constater, presque à la première vue, la véritable valeur. Des experts suffiront sans peine à l'œuvre, et leur dire mettra les tribunaux en demeure de prononcer sans courir le risque de blesser l'équité.

Nous touchons, Messieurs, au terme de la tâche que vous nous avez confiée. En autorisant les propriétaires à obtenir la faculté de faire passer les eaux dont ils ont le droit de disposer sur le champ d'autrui, le projet de loi constitue un genre de servitude encore inusité parmi nous, et l'innovation a paru grave à des hommes qui, dans le respect profond qu'ils portent au Code dont la France est fière à juste titre, inclinent à repousser tout changement dont l'admission semble en rendre la perfection douteuse. Pour nous, c'était un motif de plus d'examiner attentivement la question, et non-seulement l'innovation nous a paru n'avoir rien que de juste et de nécessaire, rien que de strictement conforme à l'esprit même de nos lois ; mais s'il nous restait une appréhension, ce serait qu'elle ne soit pas assez large pour dégager suffisamment la première de nos industries, celle dont chaque pas, en accroissant la richesse et la population, ajoute, pour forces nationales, des obstacles qui, maintenant, en contrarient et ralentissent le bienfaisant essor. Ainsi, le projet de loi n'admet pas le droit d'appui, ce droit si nécessaire au libre usage des eaux propres à l'irrigation ; ainsi, il n'offre aucun encouragement à la formation des associations dont l'action combinée permettrait d'étendre sur de vastes superficies le bienfait de l'arrosement, et tant de réserve en atténuera l'efficacité.

Tel qu'il nous a été transmis, le projet, cependant, aura son utilité. S'il ne produit pas autant de bien que les législations plus hardies et plus décisives sous lesquelles viennent de se placer quelques États de l'Europe, du moins en produira-t-il assez pour mériter notre assentiment. Grâce aux dispositions qu'il contient, de nombreux moyens de production cesseront de demeurer stériles ; à des ressources dont l'insuffisance comprime les développements de l'agriculture, il permettra d'en joindre de nouvelles, et au sein des campagnes d'une fertilité mieux assurée, s'amasseront de plus belles et plus abondantes récoltes. Ce sont là des avantages trop réels pour être délaissés. Sans doute, l'avenir ne s'en contentera pas, et le moment viendra où il faudra les étendre ; mais alors l'expérience aura porté ses fruits, et de toutes parts s'offriront au législateur les lumières dont il aura besoin pour achever sûrement sa tâche.

Votre Commission, Messieurs, vous propose l'adoption du projet de loi.

TABLE DU COMMENTAIRE.

annuelle? p. 34.—L'indemnité peut-elle être différée? p. 35 et 54.—L'emplacement des francs-bords doit être compris dans l'indemnité, p. 79. — V. *Caution, Dommages-intérêts.*

INFILTRATIONS. Distance à observer pour les prévenir, p. 43.

INONDATION. Si un fonds est inondé par suite de l'exercice d'un droit de dérivation, à qui incombe-t-il d'en opérer le desséchement? p. 57.

IRRIGATION. Irrigation pendant la nuit, p. 169; — pendant l'hiver, p. 110. — V. *Conduite d'eau, Jardins, Prairies.*

J.

JARDINS. Dans quels cas la servitude de conduite d'eau pourrait être réclamée pour des jardins? p. 70.

L.

LIT. On ne peut rien faire dans le lit d'une rivière qui tende à changer le cours des eaux au détriment des riverains, p. 68. — A quelles conditions les riverains peuvent user de leurs droits de propriété sur le lit des rivières, *ibid.* — Pour exécuter des travaux dans le lit des rivières, il faut la permission de l'administration, p. 80.

M.

MARAIS. Desséchement des marais, p. 60.

P.

POLICE. V. *Règlements.*

PRAIRIES. Faveur qui est due à ces fonds, p. 9.

PRISE D'EAU, dans les rivières navigables, p. 90. — il appartient à l'administration d'en régler la forme, même sur les rivières non navigables, p. 80.

PUITS ARTÉSIENS, p. 17.

R.

RAVIN. Ne peut être déplacé, p. 63.

REFLUX. On ne peut pas faire refluer l'eau au préjudice d'autrui, soit qu'il s'agisse d'usines, soit qu'il s'agisse d'irrigation, p. 67.

RÉGLEMENTS ADMINISTRATIFS sur les rivières non navigables, p. 21, 101 et 107. — Cas où l'administration peut réglementer les eaux privées, p. 110.

RÉPARATIONS. Faut-il, pour les réparations à faire aux ouvrages sur les rivières, une autorisation administrative spéciale? p. 90. — V. *Entretien.*

RIVERAINS. A eux seuls appartient l'usage des eaux des rivières non navigables, p. 103. — V. *Barrage, Épi, Rivières non navigables.*

RIVIÈRES NAVIGABLES. Concessions de dérivations faites par le Gouvernement, p. 17.—L'État n'en a pas la propriété, p. 84.—Aucune possession ne peut suppléer l'ordonnance royale de concession, *ibid.* — Formes à suivre pour obtenir une ordonnance de concession, p. 85 et 88.—Cas de concours de plusieurs demandes, p. 86. — Conditions essentielles des concessions, *ibid.* — L'ordonnance royale de concession doit être signifiée par huissier aux parties intéressées, p. 89. — Exécution des travaux, p. 90.

RIVIÈRES NON NAVIGABLES. Droit de disposer de leurs eaux, à qui appartient, p. 18. — Un riverain peut-il transporter les eaux sur une terre non riveraine? p. 24.—Condition essentielle de l'usage des eaux des rivières non navigables :

9 782329 401614